KB102639

생각을 키우는 이야기 사서

생각을 키우는 이야기 사서

1판 1쇄 인쇄 2019년 1월 15일
1판 1쇄 발행 2019년 1월 20일

지은이 장스완
펴낸이 이윤규

펴낸곳 유아이북스
출판등록 2012년 4월 2일
주소 서울시 용산구 효창원로 64길 6
전화 (02) 704-2521
팩스 (02) 715-3536
이메일 uibooks@uibooks.co.kr

ISBN 979-11-6322-013-8 43140
값 13,500원

• 이 책은 저작권법에 따라 보호받는 저작물이므로 무단전재와 복제를 금지하며, 이 책 내용의 일부를 이용할 때도 반드시 지은이와 본 출판사의 서면동의를 받아야 합니다.

• 잘못된 책은 구입하신 곳에서 바꾸어 드립니다.

• 이 도서의 국립중앙도서관 출판예정도서목록(CIP)은 서지정보유통지원시스템 홈페이지 (http://seoji.nl.go.kr)와 국가자료공동목록시스템(http://www.nl.go.kr/kolisnet)에서 이용하실 수 있습니다.(CIP제어번호: CIP2018043184)

논어, 맹자, 대학, 중용에서 찾은 동방의 지혜

생각을 키우는 이야기 사서 四書

장스완 지음

유아이북스

[일러두기]

이 책에 등장하는 이야기들은 주로 중국의 고사로서 사서의 내용과 교훈 면에서 연관성이
있는 기록들을 가려 뽑은 것입니다.

머리말

이 책은 중국 역사 속 유명한 일화를 통해 사서四書인《논어》,
《맹자》,《대학》,《중용》의 뜻을 누구나 알 수 있도록 쉽게 풀고, 삶
을 통하여 그 의미를 깨달아 알 수 있게 하였다.

'동방의 성전聖典'이라 해도 과언이 아닌《논어》와 이를 계승 발
전시킨 유가 정치논리학 경전인《맹자》는 오랜 역사와 더불어 풍
부한 인생과 사회 경험을 담은 인류의 사상과 지혜의 결정체로서
오늘날 인류사회에서 없어서는 안 될 배움의 보고寶庫이다.《논
어》에서 공자는 '인仁'과 '지志'를 강조하였고,《맹자》는 '인의仁義'
를 강조하면서 '호연지기浩然之氣'를 기를 것을 제시했다.

《대학》은 도덕으로 나라를 다스리고 안정시키고자 하는 정치
철학의 결정이며,《중용》은 마음과 행실을 바르게 닦아 인간다운
처세를 할 수 있게 하는 인생 철학의 경전이다.

그러면 왜 오늘날에 와서도 사서를 중요하게 생각하는가?

세월과 함께 시대는 수없이 바뀌었어도 예나 지금이나 인간의
정신세계는 그다지 변한 것이 없다. 사람들은 옛것이니 새것이니
하면서 논쟁을 거듭하지만, '추진출신推陳出新'이라는 말처럼 쓸모
없는 옛것은 버리고 쓸 만한 것을 찾아서 새롭게 적용, 발전시키는
것이 삶의 지혜일 테니 말이다.

《논어》,《맹자》,《대학》,《중용》은 분명 옛것이다. 그러나 거기에는 이 시대에 우리가 깨닫지 못하는 슬기가 담겨 있다. 지금도 많은 지식인들이 《대학》을 알아야 국사나 정치를 논할 수 있고, 도덕의 최고 준칙인 《중용》으로 몸을 닦아야 사람다운 처세를 하고 사회에 적응할 수 있다고 한다.

이 책은 바로 청소년들로 하여금 사서의 구절들을 읽으며 인생의 교훈을 얻고, 자신을 닦음으로 남을 더 잘 알 수 있도록 하였다. 오랜 시간 사랑받은 고전을 통하여 세상 살아가는 지혜를 배울 수 있기를 기대한다.

2018년 겨울
저자 씀

차례

머리말 5

1부 《논어》

2부 《맹자》

3부 《대학》

4부 《중용》

남이 나를 알아주지 않는 것을 걱정하지 말고, 내가 남을
제대로 알지 못함을 걱정해야 한다.

- 《논어》 -

1부

논어

《논어》는 공자와 그 제자들의 언행을 기록한 책으로, 공자는 군자의 덕성으로 인(仁)을 논하였다. 그리고 인의 실천을 위해 예(禮)를 중시하였다.

책 읽기가 제일 좋아

동한의 사상가 왕충은 어렸을 때 동네 아이들과 어울려 놀지 않고, 늘 혼자 있기를 좋아했다. 그의 아버지는 이런 아들을 보고 물었다.

"너는 왜 친구들과 함께 놀지 않는 거냐?"

"저는 노는 게 재미가 없어요."

"그럼 무엇이 재미있니?"

"책 읽기와 글쓰기가 재미있어요."

아버지는 그 말을 듣고 매우 기뻐하며 아들을 글방에 보냈다. 왕충은 부지런히 공부하여 그날에 배운 것을 그 이튿날에는 거침없이 줄줄 외웠다. 선생은 늘 그를 칭찬하였다.

왕충은 쉬지 않고 공부하였기에 배우는 속도가 매우 빨라서 15세 때 경성 낙양의 최고 학부인 태학에 들어갔다. 그는 얼마 지나지 않아 태학의 책들을 거의 다 읽었다. 그러자 왕충은 거리에서 책을 파는 노점으로 눈길을 돌렸다. 책을 파는 노점에는 태학에서 볼 수 없었던 책들이 많았다. 그는 늘 노점 옆에 서서 책을 골라 읽었고, 기억력이 뛰어나 한 번 본 책은 그 자리에서 바로 외워버렸다. 날이 어둡기 전에는 그곳을 떠나지 않고 책을 읽는 왕충을 보고 학우들은 '책벌레'라고 불렀다.

배우고 늘 익혀야 한다

子曰, 學而時習之, 不亦說乎?
자왈 학이시습지 불역열호
有朋自遠方來, 不亦樂乎?
유붕자원방래 불역락호
人不知而不慍, 不亦君子乎?
인부지이불온 불역군자호

《논어》, 학이편

공자께서 말씀하셨다.

"배우고 때때로 그것을 익히면 또한 기쁘지 않겠는가? 친구가 멀리서 찾아오면 또한 즐겁지 않겠는가? 남들이 나를 알아주지 않아도 성내지 않는다면 이 또한 군자답지 아니하겠는가?"

≫ 학문하는 '도'를 말하고 있다. 예로부터 중국에서는 지知와 행行을 일치시켜 인격 완성을 이루는 것을 학문의 목적으로 삼았다.

• 자子: 일반적으로 남자의 존칭으로 쓴다. 예를 들면, 노자老子, 맹자孟子 등이다. 그런데 예로부터 공자에게만 흔히 자왈子曰로 사용했다.
• 학學: 본받다, 배워서 터득하다.
• 이而: 접속조사.
• 시時: 때때로, 언제나.
• 습習: 익힘, 반복함.
• 열說: 기쁘다, 기쁠 열悅과 통함.
• 역亦: 영탄의 뜻을 나타내는 어조사.
• 호乎: 영탄의 뜻을 나타내는 어조사.
• 불온不慍: 불평불만을 가지지 않다.
• 군자君子: 학식과 덕을 겸비한 인격자.

웃음 속에
칼을 품은 자

이임보는 당나라 현종의 먼 친척이었는데, 겉보기에는 아주 평범했지만 아첨하여 이익을 챙기는 재간이 있었다.

그는 이런 능력으로 재상이 된 후 황제에게 잘 보이려고 안간힘을 썼을 뿐만 아니라, 자기보다 능력이 있고 강직한 사람을 배척하고 제압하였다. 그는 부정 비리를 일삼으며 교활하고 음험하게 자기 잇속을 채우면서도 입에는 늘 감언이설이, 얼굴에는 웃음이 사라지지 않았다. 그리하여 사람들은 그를 '웃음 속에 칼을 품은 사람'이라고 불렀다.

어느 날, 이임보가 이적지의 어깨를 다독이며 친절하게 말했다.

"듣건대 화산은 보배산이어서 산 속에는 부지기수의 황금이 매장되어 있다고 하오. 만약 조정에서 이 황금을 채굴한다면 얼마나 좋겠소!"

이적지는 이임보의 말을 믿었다. 그런데 이임보는 한숨을 내쉬며 말했다.

"황금이 묻힌 걸 황제가 모르고 있었다니, 참으로 애석하구려!"

이임보는 은밀한 목소리로 말했다.

"이형께서 먼저 황제께 진언을 하게 되면 황제는 반드시 나를 불러 상의할 것입니다. 그때 우리가 이 일을 함께 도모하면 어떻겠습니까?"

이적지는 이임보의 말을 듣고 마음이 들떠서 곧바로 현종을 찾아가 그 일을 아뢰었다. 현종은 몹시 기뻐하며 즉시 이임보를 불러 상의하였다. 이임보는 현종 앞에서 이렇게 말했다.

"이 일을 소신은 벌써부터 잘 알고 있었습니다. 그러나 화산은 제왕 가문에서 풍수적으로 귀한 곳인데 누가 감히 마음대로 채굴하겠습니까? 신이 보건대 채굴을 권고하는 사람은 절대 호의가 아니오니, 폐하께서 조심하시는 것이 좋을 것 같습니다."

현종은 이임보의 말을 듣고, 그 이후로는 이적지를 점점 멀리하였다.

언행을 꾸미는 자를 조심할 것!

子曰, 巧言令色, 鮮矣仁!
자 왈 　 교 언 영 색 　 선 의 인

《논어》, 학이편

공자께서 말씀하셨다.

"말을 교묘하게 하고 얼굴빛을 곱게 꾸미는 사람 중에는 어진 이가 드물다."

》》 꾸밈은 내용이 성실치 못한 데서 나오기 때문에 이를 경계하였다.

• 교언巧言: 듣기 좋게 꾸민 말.
• 영색令色: 아름답게 꾸며 아양 떠는 안색.
• 의矣: 말끝에 쓰이는 어조사.

목숨 바쳐 아버지를
살릴 수 있다면

　백읍고는 서백후 희창의 장자인데, 성품이 온후하고 어질며 부모
에게 지성으로 효도하였다. 아버지 희창이 조정 대신들의 질투와
모함을 받아 유리성에 감금되자, 그는 칠향거(일곱 가지 향나무로 만
든 마차)와 숙취를 깨워주는 털 담요, 그리고 백면 원숭이, 이 세 가
지 보물을 가지고 주왕을 찾아가 아버지의 석방을 요청했다.

　주왕은 그 보물들을 보자마자 욕심이 동했다. 칠향기는 타기만 하
면 누가 끌지 않아도 저절로 가는 수레요, 털 담요는 술에 취했을 때
반 시간만 덮고 있으면 숙취가 절로 씻어지며, 백면 원숭이는 비록
짐승이지만 기특하여 노래를 부르고 춤 또한 잘 춘다는 것이다.

　주왕은 백읍고의 희귀한 보물을 받고 희창을 집으로 돌려보내
려고 했다. 그런데 주왕의 애첩 달기가 백읍고를 유혹했다가 거절
당한 데 대한 분풀이로 주왕에게 백읍고가 자신을 희롱했다고 모
함을 했다. 결국 백읍고는 주왕에게 살해되었고, 아버지 희창은 갖
은 고초 끝에 집으로 돌아왔다.

　희창은 사람들에게 널리 은덕을 베풀어 백성들의 존경을 받았
고, 그가 세상을 떠난 후 둘째 아들 희발이 군대를 일으켜 주왕을
왕위에서 끌어내리고 주나라를 건립하였다. 사람들은 죽음을 두
려워하지 않고 아버지를 대신하여 목숨을 바친 젊은 백읍고를 그

리워하며 잊지 않았다.

젊은이의 도리

子曰, 弟子入則孝, 出則悌, 謹而信,
자 왈　제 자 입 즉 효　출 즉 제　근 이 신
汎愛衆而親人, 幸有餘力, 則而學文.
범 애 중 이 친 인　행 유 여 력　즉 이 학 문

《논어》, 학이편

공자께서 말씀하셨다.

"젊은이들은 집에 들어가면 효도하고, 나가서는 어른들을 공경하며, 삼가고 신의를 지키며, 널리 사람들을 사랑하되 어진 사람과 가까이 지내며, 이를 행하고 남은 힘이 있으면 학문을 배울 것이다."

》 학문을 익히는 것도 중요하지만, 옳은 행동을 하는 것이 우선이다.

- 제자弟子: 연소자, 젊은이, 자제.
- 입즉入則: 집에 들어가서는.
- 출즉出則: 밖에 나가서는.
- 근謹: 행동이 참되고 신중하고 변함이 없는 것.
- 범汎: 널리.
- 친親: 가까이 함.
- 여력餘力: 주된 일을 하고 아직 남아 있는 힘.

시장 거리에 스승님이 계셨어

중국 당나라의 명필가 유공권은 어렸을 때부터 붓글씨를 잘 써서 마을의 또래 아이들과 글쓰기 시합을 하면 언제나 일등이었다.

어느 날, 아이들이 마을의 큰 뽕나무 아래에 커다란 상을 펼쳐놓고 붓글씨 시합을 하고 있었다. 한 두부 장수 노인이 그 앞을 지나가다가 그 광경을 보게 되었다. 유공권은 자기가 쓴 글자를 높이 들고 노인에게 자신 있게 물었다.

"할아버지, 제가 쓴 글씨가 어떻습니까?"

노인은 한참 보고 나서 이맛살을 찌푸리면서 말했다.

"그저 그렇구먼."

노인의 말에 유공권은 얼굴을 붉히면서 화난 목소리로 말했다.

"그럼, 할아버지께서 글씨를 써서 보여주세요!"

"나는 잘 쓰지 못한다. 그런데 화원성 안에 있는 어떤 사람이 발로 붓글씨를 쓰는데, 그 사람이 쓴 것이 네가 손으로 쓴 것보다 훨씬 보기 좋았다. 믿지 못하겠으면 네가 직접 찾아가서 보려무나."

유공권은 믿을 수가 없어서 그 이튿날 일찍 성 안으로 들어갔다. 과연 두 팔이 없는 한 노인이 땅바닥에 앉아 왼쪽 발로 종이를 누르고 오른쪽 발가락에 붓을 끼워 세워서 주련(기둥이나 벽 따위에 장식으로 써서 붙이는 글귀)을 쓰고 있었다. 붓은 바람결같이 가볍고,

붓끝에서 쓰이는 글자는 강건하고 힘이 있었다. 그를 에워싸고 구경하던 사람들이 붓이 움직일 때마다 연달아 박수갈채를 보냈다. 유공권은 노인 앞에 털썩 꿇어앉아 자신을 제자로 받아주기를 요청했다. 노인은 서둘러 그를 일으켜 앉히고는 그에게 글씨 몇 자를 써 보게 했다. 유공권은 온 힘을 다해 글자를 써 보였다.

"쓰기는 제법 쓰는데, 글씨에 힘이 없구나. 좀 더 주의해서 많이 연습하면 되겠다!"

유공권은 노인에게 글씨 잘 쓰는 비법을 물었다. 노인은 미소를 띠며 오른쪽 발에 붓을 끼우고 이렇게 썼다.

여덟 단지의 물을 다 쓰고
먹물은 늪을 검게 물들였으며
세상 사람들의 찬미를 받자
비로소 용과 봉이 날아들다.

유공권은 그때부터 부지런히 글씨를 연마하며 마침내 저명한 서예가가 되었다.

학문에 뜻을 둔 사람

子曰, 君子食無求飽, 居無求安,
자왈 군자식무구포 거무구안

敏於事而愼於言, 就有道而正焉,
민어사이신어언 취유도이정언

可謂好學也已.
가 위 호 학 야 이

《논어》, 학이편

공자께서 말씀하셨다.

"군자는 먹는 것에 배부름을 구하지 않으며, 거처하는 데에도 편안함을 구하지 않으며, 일하는 데 민첩하고 말하는 데 신중하며, 도의를 아는 사람에게 나아가 자신을 바로잡으니, 이러면 배우기를 좋아한다고 할 만하다."

≫ 학문을 좋아하는 사람은 먼저 나를 바로잡는 데 힘쓴다.

- 무無: 그럴 수 없음을 뜻함.
- 민敏: 민첩하다.
- 사事: 여기서는 도道를 뜻함.
- 취就: 여기서는 친근하게 따라간다는 뜻.
- 야이也已: 종결어미.

그대의 호화로운 마차, 나는 부럽지 않소

공자의 제자 중 한 사람인 원헌은 시대가 혼란하고 제후들 간에 싸움이 끊이지 않는 것을 보고 벼슬살이가 싫어서 한 시골에 은거하면서 청빈한 생활을 하였다.

어느 날, 그와 동문수학한 자공이 위나라 재상이 되어 그가 사는 곳을 알아내어 호화로운 마차를 타고 찾아갔다. 그러나 원헌이 살고 있는 오두막이 있는 골목이 너무 좁아 자공의 마차는 그 집까지 들어갈 수 없었다.

자공이 마차에서 내려 걸어서 오두막으로 들어가니, 남루한 모습을 한 원헌이 자공을 맞아 주었다. 자공은 초라한 집에서 빈궁하게 살고 있는 원헌의 모습을 보고 참지 못해 물었다.

"자네는 재능이 많은데 무엇 때문에 벼슬을 하지 않고 이렇게 궁색하게 사는가?"

"현재 정치가 혼탁하고 정치를 하는 자는 우매한데, 나까지 거기에 편승해서 부화뇌동하고 싶지 않소. 비록 나는 매일 변변치 않은 음식을 먹지만 도리에 어긋남이 없으니 마음이 편안하오. 내가 늘 근심하는 것은 이 어지러운 세상에서 백성들의 고통이 언제쯤에나 없어지겠나 하는 것이오."

자공은 원헌의 말을 듣고 너무도 부끄러워 말 한마디 없이 그 자리를 떠나갔다.

가난하나 즐겁고, 부유하나 예를 저버리지 않는다면

子貢曰, 貧而無諂, 富而無驕, 何如?
자 공 왈　　빈 이 무 첨　　부 이 무 교　　하 여

子曰, 可也, 未若貧而樂, 富而好禮者也.
자 왈　　가 야　　미 약 빈 이 락　　부 이 호 례 자 야

《논어》, 학이편

자공이 말했다.

"가난해도 아첨하지 않고, 부유해도 교만하지 않는다면 어떻습니까?"

공자께서 말씀하셨다.

"괜찮지. 그러나 가난하면서도 즐겁게 살고, 부유하면서도 예를 좋아하는 것만은 못하다."

>> 자공은 가난해도 아첨하지 않고 부유해도 교만하지 않은 것을 최상의 덕행이라 여기고 물었는데, 공자는 그보다 더 높은 덕행이 있음을 깨우쳐 주었다.

- 첨諂: 아첨함.
- 교驕: 교만함, 남을 업신여김.
- 가可: 가능하다, 충분하지 않지만 그런대로 좋다는 뜻.

삼촌이
몰라 봤네

송나라의 대장군 종각은 어렸을 때부터 삼촌 종소문을 따라 책을 읽고 공부를 했다. 종소문은 학문이 매우 깊었지만 벼슬하기를 싫어했다. 한 번은 그가 종각에게 물었다.

"너는 커서 무엇을 하려느냐?"

종각은 큰 소리로 말했다.

"저는 바람 타고 파도를 헤쳐 나가려 합니다!"

종소문은 조카의 말을 듣고 마음이 몹시 언짢았다. 어린 녀석이 벌써부터 입신양명을 노리고 벼슬을 하겠단 말인가! 종각은 오직 나라를 위해 공을 세우고 백성들을 행복하게 살게 해주고 싶은 마음뿐이었는데 삼촌이 오해를 한 것이다. 하지만 그는 굳이 변명을 하지 않고 열심히 공부하며 힘써 무예를 익혔다.

종각이 14세 되던 해, 형이 결혼을 하였는데 뜻밖에 강도 몇 명이 물건에 눈독을 들이고 그것을 훔치려고 날이 어둡기를 기다리고 있었다. 그 사실을 안 종각은 도둑들에 대한 경계심을 버리지 않고 아무도 모르게 대비를 하였다.

날이 어두워져서 강도들이 활동을 개시하자, 종각은 민첩하게 몸을 날려 그들을 모조리 생포했다. 이 일로 종각의 이름은 세상에 널리 알려졌고, 전장에 나가 탁월한 지혜와 용기로 연이어 전공을 세우면서 소년 시절에 품었던 웅대한 포부를 실현하였다.

남이 나를 알아주지 않아도

子曰, 不患人之不己知, 患不之人也.
자 왈　불 환 인 지 불 기 지　환 부 지 인 야

《논어》, 학이편

공자께서 말씀하셨다.

"남이 나를 알아주지 않는 것을 걱정하지 말고, 내가 남을 제대로 알지 못함을 걱정해야 한다."

≫ 문제의 원인이 타인에게 있는 것이 아니라 나 자신에게 있다는 것을 알아야 한다.

• 환患: 근심하고 걱정함. 우환.
• 인人: 타인을 말함.
• 지인知人: 남을 아는 것.

해답은
현장에 있다

중국 고대의 농학가 가사협은 대대로 농사를 짓는 농부 집안에서 태어났지만, 책 읽기를 즐기고 농업기술을 배우며 연구하기를 좋아했다.

그는 성인이 되자 벼슬길에 올라 여러 지방에서 관리로 일하였는데, 새로운 곳에 부임을 하면 먼저 그곳의 지형이나 토질에 맞는 농업생산 기술을 연구하였다. 그리고 그 지역에서 오랫동안 농사를 지어온 나이 든 농부들에게 그들의 풍부한 경험과 기술을 겸허하게 배운 후 직접 농사를 지으면서 농업 지식을 쌓아갔다.

어느 날, 그는 논밭을 돌아보다가 참외밭에 싹이 잘 나오지 않는 것을 발견하였다. 그 원인을 찾은 결과, 참외가 본래 싹이 약해서 흙을 잘 뚫고 나오지 못한다는 것을 알게 되었다. 그는 바로 실습장을 만들어 여러 가지 씨앗을 심은 후, 어린 싹이 흙을 뚫고 나오는 모습을 자세히 관찰하고 연구하였다. 이 실험을 통해 그는 결국 참외 싹이 흙을 잘 뚫고 나올 수 있는 방법을 찾아냈다. 또한 농작물 수확량은 품종의 우열과 농사짓는 방법에 크게 좌우된다는 사실을 알게 되었다.

가사협은 오랜 시간에 걸쳐서 품종을 개량하고 실험을 반복한 끝에 그 지역의 환경에 맞는 씨앗과 재배 방법 등을 찾아 농민들에게 보급하였다. 기존의 방식을 먼저 익혀 현실을 파악하고 개선할 부분을 찾아냈다. 그리고 자신이 연구, 개발한 농업기술을 총정리하여《제민요술》이란 책으로 발간함으로써 중국 농업뿐만 아니라 세계 농업 발전에 지대한 공헌을 하였다.《제민요술》은 현재 중국에서 가장 오래된 농업서적으로 알려져 있다.

온고지신

子曰, 溫故而知新, 可以爲師矣.
자 왈   온 고 이 지 신   가 이 위 사 의

《논어》, 위정편

공자께서 말씀하셨다.

"옛것을 익히고 새로운 것을 알면 스승이 될 만하다."

≫ 공자의 온고지신은 학문을 배우는 사람의 자세를 단적으로 표현한 명언이다.

- 온溫: 익혀서 잊지 않는다는 뜻.
- 지신知新: 새로운 것을 앎.
- 가이可以: ~할 수 있다, ~해도 된다.

.

아버지의
욕심 때문에

　방중영은 평범한 농부의 아들이었다. 그는 다섯 살 되던 해, 울면서 아버지에게 붓과 먹, 벼루와 종이를 달라고 졸랐다. 아버지는 어쩔 수 없이 이웃에 가서 그것을 빌려다 아들에게 주었다. 그런데 뜻밖에 공부도 하지 않은 아들이 붓을 들더니 네 구절의 시를 쓰고 거기에 제 이름까지 써넣는 것이었다. 이 사실을 알게 된 마을 사람들은 모두 그를 하늘이 내린 신동이라고 입을 모았다. 이 일로 그는 순식간에 유명 인사가 되었다. 현성에까지 이름이 알려지면서 그는 유명 인사들로부터 초청을 받게 되었고, 많은 사람들이 그를 보겠다고 집으로 몰려왔다. 심지어 돈을 주면서 시를 지어달라고 부탁하는 사람까지 나타났다.

　방중영의 아버지는 아들이 돈을 벌게 되자 몹시 기뻐하면서 그를 데리고 현성은 물론 다른 먼 지방까지 훑고 다녔다. 그는 가는 곳마다 지역 유지와 부자를 방문하여 시와 제사(題詞: 책의 첫머리에 그 책과 관계되는 노래나 시 따위를 적은 글)를 써 주고 돈을 벌었다.

　그런데 그 아버지는 아들이 아무리 총명해도 계속 공부를 하지 않으면 가지고 있던 작은 재능이 조만간 바닥을 드러낼 것을 깨닫지 못했다. 20세가 되자, 방중영은 보잘 것 없는 평범한 인물이 되고 말았다.

배우고 생각하고, 생각하고 배우라

子曰, 學而不思則罔, 思而不學則殆.
자 왈　 학 이 불 사 즉 망 　 사 이 불 학 즉 태

《논어》, 위정편

공자께서 말씀하셨다.

"배우기만 하고 생각하지 않으면 망령되고, 생각만 하고 배우지 않으면 위태롭다."

>> 배움과 사색이 병행하지 않으면 망령되고 위태롭다는 것을 강조했다.

- 사思: 사색하고 연구하다.
- 망罔: 이치에 어둡다.
- 태殆: 위태롭다.

형을 죽인
원수일지라도

동한을 건국한 광무제 유수는 공신들을 잘 대우해 주었을 뿐만 아니라 원수에게도 포용력 있게 대하였다.

주유는 원래 녹림군의 장령이었는데, 유수의 편에서 보면 그는 전투에서 자신의 형 유연을 죽인 원수였다.

유수는 황제가 된 후 군대를 이끌고 주유가 지키고 있는 낙양을 공격하였다. 그런데 석 달이 지나도록 낙양을 공략하지 못하자, 유수는 대장 잠팽을 시켜 그들을 투항하게 만들라고 했다. 그런데 주유의 군영에 갔던 잠팽이 돌아와서 유수에게 이렇게 아뢰었다.

"주유는 폐하의 형님을 죽인 원수인 까닭에 투항을 했다가 목숨을 잃을까 몹시 두려워하고 있습니다."

그 말을 들은 유수는 호탕하게 웃으며 말했다.

"큰일을 하는 사람이 어찌 사사로운 일을 가지고 원한을 품겠는가. 그대는 돌아가서 주유에게 이렇게 전하도록 하라. 투항만 하면 원한 같은 것은 생각지 않고 도리어 그에게 관직을 주겠노라고."

잠팽이 유수의 뜻을 전하자, 주유는 장고 끝에 투항을 결심했다. 그러나 그는 아직 유수를 완전히 신뢰할 수가 없었다. 그는 유수의 진심을 알아보려고 그의 앞에 나아갈 때 자신의 몸을 포승줄로 꽁꽁 묶게 했다. 유수는 그런 주유를 보자 손수 밧줄을 풀어 주고 이렇게 말했다.

"그대가 나의 형을 죽인 것은 그대의 주군에 대한 충성인 것인데, 어찌 죄가 되겠는가? 지난 일은 지나가게 내버려 둘 것이니라."

이튿날, 주유는 전군을 이끌고 투항하여 왔다. 유수는 주유를 장군에 임명하고, 훗날 천하를 평정한 후에는 대신의 자리에 중용하였다. 뿐만 아니라 그에게 책봉한 지위를 자손 대대로 물려줄 수 있게 함으로써 일시적인 회유책이 아니라는 것을 증명해 주었다.

지난 일을 탓하지 말라

子曰, 成事不說, 遂事不諫, 旣往不咎.
자왈   성사불설   수사불간   기왕불구

《논어》, 팔일편

공자께서 말씀하셨다.

"이미 된 일은 말하지 않고, 끝난 일은 간언하지 않으며, 이미 지난 일은 탓하지 않는다."

>> 사안에 따라 말을 가려서 할 줄 알아야 한다.

• 성사成事: 이미 이루어진 일.
• 불설不說: 말하지 않음.
• 불간不諫: 간하지 않음.
• 불구不咎: 탓하지 않음.

포청천의 자식 교육

포청천이라는 별명으로 유명한 송나라의 명판관 포증은 높은 지위에 오른 후에도 여전히 검소한 생활을 이어갔기 때문에 청렴결백한 관리의 대명사로 알려져 있다. 그의 큰아들인 포억은 아버지의 동료 자식들과 왕래하면서 그들의 화려한 옷차림과 큰 씀씀이를 몹시 부러워하였다.

어느 날 포억은 울면서 아버지에게 말하였다.

"아버지는 높은 벼슬에 있으면서도 의식주가 평민들과 조금도 다를 바가 없으니, 저는 친구들 앞에서 얼굴을 못 들겠어요."

아들의 말을 듣고 포증은 몹시 놀랐다. 그는 아들에게 옛 성인들의 언행을 기록한 책을 주면서 자세히 읽어 보라고 하였다.

포억은 아버지의 말씀을 차마 거역할 수가 없어서 울며 겨자 먹기로 책을 펼쳤다. 그 첫 장에는 다음과 같은 공자의 말이 적혀 있었다.

'수양하는 사람이 도에 뜻을 두고도 헌 옷과 험한 음식을 부끄러워한다면, 족히 더불어 이야기할 대상이 못 된다.'

포억은 꿈에서 깨어난 듯 깜짝 놀라 바닥에 꿇어앉아 아버지에게 용서를 구했다. 그 후로 포억은 아버지의 뜻을 되새기며 다시는 남들과 입고 먹는 것을 비교하지 않았다.

학문하는 사람이 주의할 점

子曰, 士志於道, 而恥惡衣惡食者,
자왈   사 지 어 도   이 치 악 의 악 식 자
未足與議也.
미 족 여 의 야

《논어》, 이인편

공자께서 말씀하셨다.

"선비로서 도에 뜻을 두고도 나쁜 옷과 나쁜 음식을 부끄러워한다면 더불어 이야기할 상대가 못 된다."

>> 뜻을 세워 수양하는 사람은 외형적인 것을 의식해서는 안 된다.

• 사士: 선비, 또는 학문을 배우는 사람.
• 여의與議: 더불어 논의함.

너, 그러면
안 돼!

　한나라 광무제 때 태중대부의 자리에 있던 송홍이라는 인물이
있었다. 그가 환담이라는 인물을 황제에게 추천하자, 황제는 그를
바로 의랑급사중의 자리에 앉혔다. 의랑급사중은 황궁을 자유롭
게 드나들 수 있고 수시로 황제에게 모략과 계책을 말해줄 수 있
는 직책으로서, 이 사람은 반드시 고금의 역사에 정통하고 언변이
뛰어나야 했다. 환담은 그 자리에 가장 적합한 인물이었고, 따라
서 광무제는 그를 몹시 아끼고 중히 여겼다.

　머지않아 황제는 환담이 경론經論에 능통할 뿐만 아니라, 거문
고 연주 실력도 뛰어나다는 것을 알게 되었다. 그로부터 황제는
황궁에 연회가 열릴 때마다 그에게 거문고 연주를 시켜 흥을 돋우
게 했다. 송홍은 환담이 이런 식으로 황제를 시중드는 것이 마음
에 들지 않았다.

　어느 날, 송홍은 환담을 불러 엄하게 말했다.

　"내가 자네를 추천한 것은, 자네의 숭고한 품성으로 황상을 잘
보필하여 국정을 바로 살피도록 하고자 함이었네. 그런데 자네는
음악으로 오히려 황상의 심지를 어지럽히고 있으니, 그것은 충성
과 성의가 아닐세. 그러니 이제 그런 과오를 고치고 정도正道로써
황상을 보필하기 바라네."

환담은 송홍의 충고대로 자기의 행실을 반성하여 고친 후, 황제로 하여금 다시는 거문고로 흥을 돋우는 일이 없도록 하였다.

타인을 통해 배우고 나를 돌아보라

子曰, 見賢思齊焉, 見不賢而內自省也.
자왈   견현사제언   견불현이내자성야

《논어》, 이인편

공자께서 말씀하셨다.

"어진 사람을 보면 그와 같아질 것을 생각하고, 어질지 못한 사람을 보면 속으로 자신을 반성한다."

>> 타인을 통해 좋은 점은 배우고, 나쁜 점은 거울로 삼아서 스스로를 돌아봐야 한다.

• 제齊: 여기에서는 '등等'과 같은 뜻으로 쓰였다.
• 내자성內自省: 마음속으로 자신을 반성함.

뽕잎 따는
아낙에게 배우다

　공자가 자신의 뜻을 펼치고자 여러 나라를 두루 다니며 지내던 중 진나라를 지나갈 때의 일이다. 공자는 아홉 구비로 구부러진 구멍을 지닌 진기한 구슬 하나를 얻었다. 그 구슬의 구멍에 실을 꿰어 보려고 하였지만 안의 구멍이 구불구불하여서 도무지 꿰어지지가 않았다.

　한참 궁리해 봐도 방법이 떠오르지 않자, 여인들은 바느질에 능숙하니 구슬에 실을 꿰는 방법도 알 수 있지 않을까 하여 주변의 도움을 받고자 했다.

　마침 근처에 뽕나무에서 뽕잎을 따는 한 여인을 발견하였다. 여인에게 자초지종을 이야기하였더니, 여인은 꿀을 두고 한번 생각해 보라는 말을 남기고 떠나갔다.

　공자는 그 말을 듣고, 곰곰이 생각해 보았다. 불현듯 생각이 떠올라 크게 기뻐하면서 개미 한 마리를 잡아오라고 시켰다.

　개미를 잡아오자 그는 개미 허리에 실을 매고, 구슬의 한쪽 구멍 안으로 집어넣었다. 그리고 다른 구멍에는 꿀을 발라 놓았더니 허리에 실을 맨 개미가 꿀을 바른 구멍으로 기어 나왔다.

　그렇게 구슬에 실을 꿴 공자가 감격해서 말했다.

　"시골 아낙에게서 우리가 참으로 유용한 것을 배웠구나!"

공문자가 '문文'자 시호를 받은 까닭은

子貢問曰, 孔文子何以謂之文也?
자 공 문 왈　　공 문 자 하 이 위 지 문 야
子曰, 敏而好學, 不恥下問, 是以謂之文也.
자 왈　　민 이 호 학　　불 치 하 문　　시 이 위 지 문 야

《논어》, 공야장편

자공이 여쭈었다.

"공문자는 어찌하여 (시호를) 문이라 하였습니까?"

공자께서 말씀하셨다.

"영민하면서도 배우기를 좋아하고, 아랫사람에게 묻는 것을 부끄러워하지 않았다. 그래서 문이라고 한 것이다."

≫ 자신보다 못한 사람에게서도 배울 점이 있으므로 배움에는 위아래가 없다. 이는 공문자의 시호인 '문文'을 통해 그의 업적과 인품을 짐작할 수 있다.

• 공문자孔文子: 위나라 대부. 성은 공, 이름은 어圉이며 '문文'은 시호이다. 옛 중국에서는 '文'자 시호(諡號: 생전의 공덕을 기리어 사후에 주는 이름)를 최상의 것으로 쳤다.
• 민敏: 영리하다, 총명하다.
• 하문下問: 지위나 연령이 낮은 사람에게 물어서 가르침을 받는 것.

스승이 아무리 냉대해도

동한시대의 사상가 정현은 어렸을 때부터 독서를 즐겨 하더니 소년이 되자 재능이 남다르게 빼어났다. 정현은 마융이라는 사람의 학식이 깊고 넓다는 말을 듣고, 산을 넘고 물을 건너 그를 찾아갔다.

마융은 학식도 높고 명성도 대단했지만 몹시 도도하였다. 그는 정현을 옆 눈으로 힐끔 보고는 문간방에 둔 채 학당에 들어가 강의를 듣는 것은 허락하지 않았다. 사실 마융이 그렇게 한 것은 정현이 여기에서 공부하는 것이 어렵다는 사실을 알고 하루 속히 떠나게 하려는 속셈이었다.

그러나 정현은 낙심하지 않았다. 그는 마융이 강의를 마칠 때마다 강의를 들은 학생을 찾아가 묻고 부지런히 자습하였다. 마융은 정현의 이런 행동을 눈여겨보았다. 그는 뒤에서 몰래 정현을 관찰하였고, 총명하면서 배우기 좋아하는 정현을 보면서 조금씩 마음 문을 열게 되었다.

그러던 어느 날, 마융이 정현을 부르더니 시험을 쳐 보았다. 정현은 마융이 문제를 던지면 정확한 답을 내놓았으며, 사유가 명철하고 식견이 있었다. 마융은 정현의 머리를 쓰다듬으며 흐뭇해서 말했다.

"넌 정말 겸손하고 좋은 학생이다. 곧고 깨끗한 군자로구나!"

그때부터 마융은 정현에게 학당에 들어와서 강의를 듣게 하였을 뿐만 아니라 힘껏 그를 가르쳤다.

본질과 겉모습의 조화

子曰, 質勝文則野, 文勝質則史.
자 왈　질 승 문 즉 야　문 승 질 즉 사

文質彬彬, 然後君子.
문 질 빈 빈　연 후 군 자

《논어》, 옹야편

공자께서 말씀하셨다.

"바탕이 무늬보다 두드러지면 거칠고, 무늬가 바탕보다 두드러지면 겉만 화려해진다. 무늬와 바탕이 잘 어우러진 후라야 군자다운 것이다."

>> 인간에게는 정신적인 본질과 외형적인 형식의 조화가 중요하다.

• 질質: 본질.
• 문文: 문양, 외식.
• 야野: 비속함, 야함.
• 사史: 사관이 문장을 많이 쓰게 되면서 수식과 형식은 화려해지고 성의는 부족하게 됨을 가리킴.

어느 간신의 최후

위충현은 명나라 희종이 가장 총애하고 믿었던 내시였다. 그는 황제에게 빌붙어 사례감 겸 필태감(환관의 우두머리)의 자리에 오른 후, 제멋대로 나쁜 짓을 하고 조정의 정직한 대신들을 수없이 배척하고 탄압하였다. 뿐만 아니라 탐욕과 부정을 일삼으며 불의의 재물을 끌어 모아 음란하고 무도한 생활을 하였다.

위충현의 이러한 행위는 좌부도어사 양련의 불만을 샀다. 양련은 죽을 각오를 하고 위충현의 스물네 가지 죄행을 열거한 진언서를 황제에게 올렸다.

그러나 어리석은 희종 황제는 소인들의 꾐에 넘어가 오히려 양련이 위충현을 모함한다는 죄를 뒤집어 씌워 그에게 엄한 벌을 주게 했고, 감옥에 갇힌 양련은 옥사하였다. 이 일로 인해 위충현은 더욱 득의양양하여 날뛰었다.

그런데 23세의 희종이 갑자기 죽고 뒤를 이어 사종이 황제의 자리에 올랐다. 사종은 위충현이 간신임을 잘 알고 있었으므로 즉시 그의 관직을 빼앗고 경성 밖으로 내쫓았으며 그의 심복들을 모조리 사형에 처하였다.

위충현은 형벌을 면할 수 없게 되자 스스로 목숨을 끊었다. 자기가 저지른 죄악의 결과를 스스로 받고 말았던 것이다.

삶은 정직해야 한다

子曰, 人之生也直, 罔之生也幸而免.
자 왈   인 지 생 야 직   망 지 생 야 행 이 면

《논어》, 옹야편

공자께서 말씀하셨다.

"사람의 삶은 정직해야 한다. 정직하지 않은 삶은 요행히 재난이나 면하고 있는 것이다."

➤➤ '곧음'은 인생의 정도正道이자 삶의 원칙이다.

• 직直: 정직하다, 곧다. 바르다.
• 망罔: 정직함이 없음.
• 행이면幸而免: 요행히 (재난이나 화를) 모면하다.

먹물을 찍어 먹은 왕희지

진나라의 유명한 서예가 왕희지는 붓글씨 쓰기를 인생의 가장 큰 낙으로 삼았다.

어느 날, 그가 서재에서 한창 붓글씨를 쓰고 있는데, 부인이 시녀를 시켜서 그가 가장 즐겨 먹는 짓찧은 마늘과 찐빵을 가져다주었다. 그러나 왕희지는 쳐다보지도 않고 시녀에게 그것을 상 위에 놓고 나가라고 했다.

그러자 시녀는 말했다.

"빨리 드세요. 음식이 식겠어요."

왕희지는 계속 붓글씨를 썼다. 시간이 얼마 지나서 문득 시장기를 느낀 왕희지는 보지도 않고 손을 내밀어 찐빵을 집은 후 짓찧은 마늘을 찍어 입에 넣으면서 한편으로 계속 붓글씨를 썼다.

잠시 후 부인이 서재에 들어서다가 깜짝 놀랐다. 왕희지는 붓글씨 쓰는 데에 정신이 팔려서 벼루의 먹물을 짓찧은 마늘로 알고 찐빵을 찍어 먹었던 것이다.

부인은 기가 차서 물었다.

"당신은 찐빵의 맛을 알고나 먹었어요?"

왕희지는 웃으면서 말했다.

"맛이 어떠하기는? 좋기만 하던데!"

즐기면서 하는 것이 최고

子曰, 知之者不如好之者,
자 왈　지 지 자 불 여 호 지 자

好之者不如樂之者.
호 지 자 불 여 락 지 자

《논어》, 옹야편

공자께서 말씀하셨다.

"아는 것은 좋아하는 것만 못하고, 좋아하는 것은 즐기는 것만 못하다."

>> 무슨 일이든지 즐거워서 하는 것이 최고다.

• 지지知之: 도를 아는 것.
• 불여不如: 그보다는 못함.

겸손하고
또 겸손하라

공자는 30여 세 때, 학생을 데리고 주례周禮를 배우려고 낙양에 갔다. 그는 학식이 깊고 넓은 노자가 낙양에 살고 있다는 것과, 그가 주나라의 문화 서적을 관리하고 있다는 소문을 듣고 그의 가르침을 갈망하였다.

공자는 노자를 만나자 지극히 공경하는 말로 아뢰었다.

"선생님께서 주나라의 귀하고 값진 서적들을 보관하고 계시다는 말을 듣고, 선생님을 뵙고 가르침을 받고자 불원천리 달려왔습니다. 부디 저에게 여기에서 얻기 어려운 그 서적들을 볼 수 있도록 허락해 주십시오."

노자는 공자의 성심에 감동하여 공자가 수장실에 와서 책 읽는 것을 허락하였다. 또한 그를 데리고 주나라의 왕실 종묘와 명당 등 고대에 제사를 지내고 국사를 의논하던 곳들을 참관시켜 주었다. 공자는 배우기를 몹시 좋아하였으며, 모르는 것이 있으면 바로 솔직하게 노자에게 묻고 가르침을 받았다. 공자는 노자에게 주례의 세심한 부분들을 물었는데, 그러면 노자는 일일이 알기 쉽게 모두 답변을 해주었다.

어느새 한 달이 지났다. 공자와 학생들이 집으로 돌아갈 때가 되자, 노자는 이렇게 말했다.

"하늘은 스스로 높다고 말하지 않고 땅은 스스로 두텁다고 말하지 않는다. 도덕이 높은 사람일수록 더욱더 겸손하고 조심해야 한다. 학문하는 사람은 실체적인 것을 더 많이 추구하고 헛된 명예를 좇지 말아야 한다. 그리고 가득 차면 넘치고, 교만하면 반드시 패망한다는 것을 기억하기 바란다."

공자는 깊이 감동하여 그 말을 가슴에 새겨 두었다.

옛것을 좋아하여 부지런히 배우다

子曰, 我非生而知之者,
자왈　아비생이지지자
好古, 敏以求之者也.
호고　민이구지자야

《논어》, 술이편

공자께서 말씀하셨다.

"나는 나면서부터 아는 사람이 아니라 옛것을 좋아하여 부지런히 찾아 배워 아는 사람이다."

>> 부지런히 힘써 공부한 공자의 모습을 보여준다.

• 민이敏以: 부지런히.

어머니의
가르침을 따라서

진나라의 대장군 도간은 어렸을 때 아버지가 돌아가셔서 어머니의 손에서 자랐다. 어머니는 아들에게 몹시 엄격해서 그에게 늘 부지런하고 근검절약할 것을 요구하였다. 도간은 어머니의 말씀을 받들어 청빈한 생활을 하면서 학문을 익히고 무예를 닦는 일에 힘썼다. 장성하여 강하 태수가 된 후에도 그의 생활은 여전히 검소하였으며, 술을 마셔도 석 잔을 넘기지 않았다.

장군의 자리에 올라도 그는 여전히 어머니의 훈계를 잊지 않았다. 한번은 군부대에서 쓰다 남은 나뭇조각과 못들을 내버리기가 아까워서 그것을 모아두게 했다.

그 이듬해, 조정에서는 도간에게 군대를 이끌고 사천에 가서 전투를 벌이게 했다. 이때 급하게 배를 만들어야 했는데, 시간이 너무 촉박한데다가 나무와 못이 부족했다. 이때 도간은 전에 모아두었던 나무와 못을 가져다 쓰도록 했다. 그리하여 급한 일을 해결할 수 있었는데, 이것은 도간의 몸에 밴 근검절약 생활 덕분이었다.

사치한 것보다 검소한 것이 낫다

子曰, 奢則不孫, 儉則固,
자 왈　 사 즉 불 손　 검 즉 고

與其不孫也, 寧固.
여 기 불 손 야   녕 고

《논어》, 술이편

공자께서 말씀하셨다.

"사치하면 불손하고 검소하면 고루해지니, 불손할 터이면 차라리 고루해질 것이다."

》 사치하여 공손하지 못한 것보다, 고루하지만 검소한 편이 낫다.

• 사奢: 사치하다.

• 불손不孫: 공손하지 않다. 거만한 모양.

• 녕寧: 차라리 ~할망정.

• 고固: 여기서는 '고루하다, 무식하다'의 뜻으로 쓰임.

마음속에 거리낌이 없는 군자

범질은 어렸을 때부터 총명하고 배우기를 좋아하여 9살 때에 벌써 능숙하게 시를 읊고 글을 지었으며, 13세 때는 《시경》을 열심히 읽었고, 14세 때는 학도들을 모집하여 가르치기까지 하였다.

후진의 재상인 상유한은 범질의 문학적 재능에 감동하여 그를 감찰어사와 한림학사 등의 중요한 직무를 맡도록 추천하였다. 후진이 망하고 후한이 들어선 뒤에도 범질은 여러 요직에 두루 임명되었다. 그러자 어떤 사람이 그에게 물었다.

"충신은 두 주인을 위해 일하지 않는다고 했는데, 당신이 이렇게 하면 전 황제에게 충성했었다고 말할 수 있겠소?"

범질은 그의 말을 듣고 추호의 거리낌 없이 떳떳하게 말했다.

"나의 가슴속에 거리낌이 없이, 오직 마음속에 백성을 두고 그들을 위해서 바르게 일한다면 어느 나라, 어느 조정이든 상관없이 관원으로서 모두 충신인 것입니다."

후주의 태조 곽위는 범질의 됨됨이를 알고 몹시 감복하였다.

그 후 후주의 군대가 황궁을 점령하여 경성에 대혼란이 벌어졌다. 범질은 전란을 피하고자 이름을 숨기고 살았다. 전란이 평정되고 나서, 후주 태조는 사람을 파견하여 범질의 행방을 알아보게 했다. 그를 찾아냈을 때는 엄동설한이어서 몹시 추웠다. 후주 태조는 범질을 보자 즉시 자기가 입고 있던 용포를 벗어서 친히 그의 몸에 걸쳐 주었다. 범질은 바로 후주의 중서시랑의 자리에 올랐으며, 이어서 고명대신에 임명되자 공제恭帝가 황제의 자리를 계승할 수 있도록 보좌하였다.

사람들은 범질을 가리켜 '마음속에 거리낌이 없는 군자'라고 칭찬하며 그를 존경하였다.

군자의 마음

子曰, 君子坦蕩蕩, 小人長戚戚.
자 왈   군 자 탄 탕 탕   소 인 장 척 척

《논어》, 술이편

공자께서 말씀하셨다.

"군자의 마음은 평탄하여 너그럽고, 소인의 마음은 항상 근심에 차 있다."

>> 군자와 소인은 그 마음 씀씀이가 확연히 달라서, 군자는 평온한 반면에 소인은 늘 걱정이 많다.

• 탄坦: 평탄함.
• 탕탕蕩蕩: 너그럽다.
• 척척戚戚: 근심에 싸인 모양.

쓴 소리를 단 소리로 받았더니

원나라의 시인詩人 살도랄은 일생 동안 자연을 노래하고 백성의 고달픈 삶을 반영한 시를 많이 써서 당대에 이름이 높았다.

어느 날 저녁, 창문을 열고 저 멀리 어슴푸레 보이는 옛 절을 바라보던 살도랄의 머릿속에 물밀듯이 시상이 떠올랐다. 붓을 들고 어떻게 쓸까 망설이고 있는데, 갑자기 그 먼 곳에서 울리는 종소리가 고요한 밤하늘에 은은하게 울려 퍼졌다. 살도랄은 곧바로 붓을 들고 시 두 구를 썼다.

습지에 천주, 빗소리 듣기 짜증났는데
날이 맑아 경양에 와 종소리 듣네!

이튿날 이 시를 친구에게 보여 주었더니 시경과 시정을 잘 어우러지게 표현했다고 칭찬하였다. 그리하여 이 시 두 구는 재빨리 온 경성에 전파되었다.

그런데 유독 한 노인이 이 시를 보고 심상하다는 투로 말했다.

"내가 보기에는 그다지 잘 쓴 것 같지 않구먼!"

그 말을 전해 들은 살도랄은 직접 그 노인을 찾아가 자기 시에 대한 고견을 듣고자 했다. 노인이 말했다.

"두 시구에 듣다(聞)가 두 번이나 들어갔는데, 뜻이 같은 글자를 이렇게 중복하는 것은 온당한 표현이 못 되네. 그러니 첫 번째 '듣다'를 '보다'로 고치는 것이 어떻겠나?"

노인의 말을 듣고 살도랄은 머리를 숙여 인사를 드렸다. 과연 노인의 말대로 고쳐서 읽어 보니 눈앞에서 천주(인도의 옛 이름)의 비를 보는 듯 생생한 이미지가 떠오르면서 감동이 밀려왔다. 살도랄은 곧바로 노인 앞에 엎드려 큰절을 올리고 선생님의 가르침을 받겠노라고 청하였다.

배움에 임하는 자의 마음가짐

子曰, 學如不及, 猶恐失之.
자 왈   학 여 불 급   유 공 실 지

《논어》, 태백편

공자께서 말씀하셨다.

"배움이란 도달할 수 없는 것 같이 하고, 배운 것은 잃어버릴까 두려운 듯이 해야 한다."

≫ 배움에 있어서 어떤 마음의 자세가 필요한지 말하고 있다.

• 여如: ~와 같다.
• 불급不及: 미치지 못하다, ~보다 ~하지 않다.

의심 때문에 망한 항우

초나라와 한나라가 서로 전쟁 중일 때, 항우의 군대가 형양성에 있는 유방의 군대를 포위하였다. 이 때문에 유방이 초조해하고 있을 때, 그의 모사인 진평이 하나의 계책을 내놓았다.

"항우 곁에 있는 범증과 종리매는 상당히 비상한 인물이라 상대하기가 어렵습니다. 이 두 사람만 없애면 우리는 항우에 대해 무서울 것이 없습니다. 항우는 의심이 많은 사람이니 갖은 방법을 써서 그 두 사람을 이간시켜 서로 죽이도록 하면 됩니다. 그때 우리는 기회를 타서 포위망을 뚫고 나가는 겁니다."

그 말을 듣고 유방은 진평에게 많은 황금을 주면서 그 계책을 실행하게 했다. 항우가 자만심에 빠져 야심을 펼치는데 방해가 될 것이라고 생각이 되면 아무리 가까운 사람이라도 제거할 것이란 계산 때문이었다.

진평은 그 황금으로 많은 첩자를 모아 초나라 군영에 파견하였다. 그들은 먼저 '종리매는 전쟁에서 혁혁한 공을 세운 장수인데, 봉토도 받지 못하고 제후의 자리도 얻지 못해서 가슴속에 분노를 품고 반란을 음모하고 있다'는 나쁜 소문을 퍼뜨렸다. 항우는 그 소문을 듣고 과연 그때부터 의심을 품고 종리매를 믿지 않았다.

또한 진평은 항우의 사절이 한나라에 온 기회를 잡아 유방과 범증의 관계가 각별히 친밀해 보이게 했다. 그러자 항우는 범증이 한나라 군대와 비밀리에 결탁하고 있는 것으로 여겨 범증의 군권을 박탈하였다. 이에 범증은 분노를 참지 못하고 고향으로 돌아가 버렸다. 결국 항우의 곁에 있던 중요한 인물들이 모두 떠나간 것이다.

　지나친 의심 때문에 어진 신하와 충성스러운 장군을 내쫓은 항우는 승리할 수 있는 기회를 놓치고 끝내 전쟁에 패하여 스스로 목숨을 끊고 말았다.

자만심을 경계하라

子絶四, 毋意, 毋必, 毋固, 毋我.
자 절 사　무 의　무 필　무 고　무 아

《논어》, 자한편

　공자께서는 네 가지를 절대 하지 않으셨으니, 사사로운 뜻을 갖지 않았고, 기필코 해야 한다는 일이 없었으며, 고집하는 일이 없었고, 자기를 내세우는 일이 없으셨다.

》》 공자는 항상 자만심을 경계하고 눈 앞의 이익보다 순리에 따랐음을 보여준다.

• 절絶: 근절하다, 끊어버리다.
• 무毋: 무無와 같은 뜻으로 쓰임. 없다.
• 의意: 여기서는 '자의, 주관적인 억측, 사사로운 생각' 등의 뜻으로 쓰였다.
• 필必: 기필코, 반드시. 여기서는 '억지를 무릅쓰고 관철한다'는 뜻으로 쓰였다.
• 고固: 고집, 집착.

어리다고
얕보지 마세요

　공자가 여러 나라를 돌아다니다가 길에서 재미있는 아이 하나를 만났다. 그 아이는 또래들과 어울려 놀지 않고 아이들이 노는 것을 구경만 하고 있었다. 공자는 그 아이를 이상히 여겨 마차를 세우고 곁으로 다가가서 물었다.

　"너는 왜 아이들과 함께 놀지 않느냐?"

　"저는 쟤들이 장난치면서 노는 게 너무 재미없어요. 잘못하면 옷도 찢기고 또 넘어지면 다치게 되니 저 애들과 놀기가 싫어요."

　공자는 아이가 도대체 무엇을 하는지 궁금해서 지켜보았다. 잠시 후, 아이는 길 가운데에 흙을 모아 성처럼 둘러쌓더니 그 가운데 올라앉는 것이었다. 공자는 참다못해 물었다.

　"너는 여기에 앉아 무엇을 하는 거냐? 내 마차가 여기를 지나가야 한다는 것을 모르느냐?"

　아이는 여전히 그 자리에 앉은 채로 천천히 말했다.

　"할아버지, 제가 성루에 앉아있는 것이 보이지 않습니까? 마차가 성루를 비켜서 돌아가야지, 세상 어디에 성루가 마차를 비켜주는 법이 있습니까?"

　공자는 그 아이가 너무 기특해서 칭찬을 해주었다.

　"너는 어린아이가 어떻게 그런 도리를 아느냐? 정말 기특하구나!"

"사람들이 말하길, 물고기는 새끼를 낳으면 삼 일 만에 헤엄을 치고, 토끼는 낳은 지 삼 일이면 뛰어다니며, 망아지는 삼 일이면 어미를 따라다닌다고 합니다. 하물며 지금 제 나이가 일곱 살인데, 어찌하여 그러한 도리를 모르겠습니까?"

공자는 아이의 말을 듣고 감탄하여 말했다.

"좋구나, 나는 이제야 알 만하다. 젊은 후배들이 무섭구나!"

후생이 두렵다

子曰, 後生可畏, 焉知來者之不如今也?
자 왈 후 생 가 외 언 지 래 자 지 불 여 금 야
四十伍十而無聞焉, 斯亦不足畏也已.
사 십 오 십 이 무 문 언 사 역 부 족 외 야 이

《논어》, 자한편

공자께서 말씀하셨다.

"후배들이란 두려운 것이니, 뒤에 오는 사람이 지금의 우리보다 못하다고 할 수 있겠는가? (그러나) 나이가 사오십이 되어서도 이름이 들리지 않는다면, 그 또한 두려워할 만한 사람이 못 된다."

≫ 젊은이들에게 보내는 격려의 말로 배움에 힘씀으로써 진보를 이룰 것을 당부하고 있다.

• 후생後生: 후배, 지금의 젊은이.
• 래자來者: 뒤에 오는 사람, 후배들, 젊은이들.
• 불여금不如今: 지금만 못하다, 지금의 우리만 못하다.
• 무문無聞: 이름이 알려지지 않다, 명망이나 명성이 없다.

조조,
사당을 헐다

조조는 위나라를 세운 삼국시대의 통치자이자 걸출한 군사가로서 귀신을 믿지 않는 사람이었다.

그가 일찍이 제남 승상으로 있을 때, 괴이한 현상이 있었다. 그곳 백성들은 대부분 귀신을 믿어 곳곳에 사당(불당)을 짓고 경양왕의 유장을 봉양하였는데, 제남에만 경양왕의 묘가 무려 600여 기가 있었다. 백성들은 대소사를 막론하고 모두 다 경양왕 묘에 가서 기도를 하였다. 그리하여 많은 관리들과 장사치들은 이런 기회에 크게 한 몫을 보려고 백성들의 피땀을 긁어갔다.

연말이 되면 여러 사당들에서 지내는 제사 활동도 각양각색이어서 막대한 제물을 소비하고 그릇된 풍조를 조장하였다. 뿐만 아니라 적지 않은 관리들이 자기 할 일은 하지 않고 오히려 흉계를 꾸미며 이득을 챙기므로 백성들이 안심하고 생활할 수가 없었다.

"어찌 이럴 수 있단 말인가! 이런 우매한 행위는 반드시 금지시켜야 한다."

조조는 몹시 분개하여 즉시 강경한 조치를 취하였다. 그는 사당들을 모조리 헐어버리게 하고, 관리들과 백성들이 귀신에게 제사를 지내지 못하도록 금지시켰다. 명령을 어기는 자는 누구든 엄격하게 처벌하겠다는 훈령을 내렸다.

끈질긴 노력 끝에 조조는 대대로 뿌리내려온 악습을 근절시키고 잘못된 사회 풍조를 개혁하였다. 그 결과 정치 분위기도 한결 좋아져서 그 지역의 경제 발전을 힘 있게 추진시킬 수 있었다.

죽음보다 삶이 우선이다

季路問事鬼神, 子曰,
계 로 문 사 귀 신　자 왈

未能事人, 焉能事鬼?
미 능 사 인　언 능 사 귀

敢問死.
감 문 사

曰, 未知生, 焉知死?
왈　미 지 생　언 지 사

《논어》, 선진편

계로가 귀신 섬기는 일을 여쭙자, 공자께서 말씀하셨다.

"사람을 제대로 섬기지 못하는데, 어찌 귀신을 섬길 수 있겠느냐?"

"감히 죽음에 대해서 여쭙겠습니다."

"삶도 알지 못하는데, 어찌 죽음을 알겠는가?"

》》 신이나 죽음의 문제보다 현실적인 삶의 문제가 더 중요함을 말하고 있다.

- 계로季路: 자로子路의 또 다른 자字
- 사인事人: 사람을 섬기다. 대인관계에 있어서의 예의를 의미함.
- 생生: 태어남, 삶.

적장을 감동시킨
관우

유비와 의형제를 맺은 관우는 지혜와 용기를 겸비하고 전공도 많이 세웠을 뿐 아니라 덕행도 출중하였다. 조조가 유비를 공격했을 때 유비는 싸움에 크게 패하여 도주하였는데, 그때 관우는 유비의 두 부인을 보호하고 있다가 불행하게도 조조의 군대에 포위되고 말았다.

조조는 관우가 무예가 뛰어나고 인품이 좋은 것을 알고 그가 투항하기만 하면 어떤 조건이든 다 들어주겠다고 했다. 조조는 유비에 대한 관우의 충성심을 알고 있었으므로, 두 사람을 이간시킬 계략으로 그를 유비의 두 부인과 한 집에 거주하게 하였다.

그러나 관우는 마음속에 거리낌이 없이 모든 일에 밝고 깨끗하게 처신하였다. 그는 방에 들어가지 않고 문밖에 앉아 날이 밝을 때까지 책을 읽었는데, 연사흘 동안을 그렇게 했다. 조조는 관우의 행동에 크게 감복하여 그에게 큰 집을 한 채 마련해 주었다. 그러자 관우는 그 큰 집을 두 칸으로 막아 안쪽 채에 두 형수가 있게 하고 자기는 바깥채에 거처하였다. 그리고 사흘 건너 한 번씩 안쪽 채의 문밖에 서서 두 형수에게 문안을 드리곤 하였다.

이런 사실을 알게 된 조조는 예절과 의리로 형수를 대하는 관우를 보고 감동하여 후하게 대접하였다.

예禮가 아니면

子曰, 非禮勿視, 非禮勿聽,
자 왈   비 례 물 시   비 례 물 청

非禮勿言, 非禮勿動.
비 례 물 언   비 례 물 동

顔淵曰, 回雖不敏, 請事斯語矣.
안 연 왈   회 수 불 민   청 사 사 어 의

《논어》, 안연편

공자께서 말씀하셨다.

"예가 아니면 보지도 말고, 예가 아니면 듣지도 말며, 예가 아니면 말하지 말고, 예가 아니면 행하지 말아야 한다."

안연이 말하였다.

"회(回, 안연)가 비록 불민하오나, 이 말씀을 받들어 실천하겠습니다."

》》 공자가 말한 네 가지 덕목은 마음속에 새겨 두고 힘써 실행해야 한다.

• 예禮: 예절과 의리.
• 사事: 섬기다, 힘쓰다.
• 사어斯語: 이 말씀. 여기서는 공자의 교훈을 가리킴.

돌려 드릴게요, 울지 마세요

소식은 강남의 수려한 풍광을 무척 좋아했다. 언젠가 소식이 양선을 지나게 되었는데, 경치가 매우 아름다워 그곳에 집을 사서 살았으면 하는 마음이 들었다. 그리하여 그는 친구를 시켜서 값이 싼 집이 있는지 알아보게 했다. 마침 마땅한 집이 한 채 있다는 말을 듣고 소식은 매우 기뻐하며 친구에게 돈을 주어 집주인과 계약을 맺게 했다. 신속하게 모든 수속이 끝나자, 소식은 날짜를 잡아 이사 준비를 하였다.

그런 중에 저녁에 친구와 함께 소풍을 나갔다가 걸어서 한 마을에 이르게 되었다. 문득 두 사람은 길옆 작은 집 안에서 흘러나오는 울음소리를 듣게 되었다. 울음소리에 이끌려 두 사람이 그 집 안으로 들어가 보니 백발이 성성한 할머니가 울고 있었다.

"할머니, 무엇 때문에 그리 슬피 우십니까?"

소식이 묻자 할머니는 울면서 말했다.

"손님께서는 모를 겁니다. 이 늙은 몸은 여기서 몇십 년을 살았고 가산이라고는 이 집밖에 없는데, 며칠 전에 불효한 아들이 이 집을 팔았답니다!"

소식은 할머니의 말을 듣고 이 집이 바로 자기가 산 집임을 알았다. 그는 즉시 품속에서 집문서를 꺼내어 등잔불에 태워버렸다.

"할머니, 슬퍼하지 마십시오. 이 집은 여전히 할머니의 집입니다."

이때 할머니의 아들이 돌아왔다. 그는 이 장면을 보고 몹시 감동하여 집값으로 받은 돈을 얼른 소식에게 되돌려주었다. 소식은 그 돈을 물리면서 말했다.

"자네 집 형편이 그리 넉넉하지 못하니 이 돈으로 어머님께 효도하고, 앞으로 다시는 이 집을 팔지 말게."

이 일이 있은 후 소식의 덕행은 오늘날까지 미담으로 전해져 내려오고 있다.

군자와 소인은 이렇게 다르다

子曰, 君子成人之美,
자왈 군자성인지미
不成人之惡, 小人反是.
불성인지악   소인반시

《논어》, 안연편

공자께서 말씀하셨다.

"군자는 남의 좋은 점을 권장하여 이루게 하고, 남의 나쁜 점은 이루지 못하게 하지만, 소인은 이와 반대이다."

》》 군자와 소인의 차이는 마음 씀씀이에 달려있다.

- 성成: 권장하여 일을 이루게 함.
- 미美: 좋은 점, 선하고 아름다운 일.
- 악惡: 나쁜 점, 좋지 않은 일.
- 반시反是: 이와 반대로 하다.

정의가 아니면 죽음을 달라

동한 때 낙양령에 살았던 동선이라는 인물은 성품이 정직하고 솔직하며 자기보다 강한 권력을 두려워하지 않고 법을 엄격하게 집행하는 훌륭한 관리였다.

한번은 호양 공주의 시종이 사람을 죽이고 공주의 집에 숨어 있었는데, 그를 잡으러 간 사람들이 감히 그 집으로 들어가지 못했다. 동선은 법에 따라 그 죄인을 다스리기로 결심하고 공주가 외출한다는 첩보를 입수하여 그 집 문밖에 서서 지키고 있었다.

이윽고 공주가 많은 시종들을 이끌고 문밖으로 나왔다. 동선과 몇몇 부하들이 갑자기 그들 일행을 가로막았다. 이에 공주가 성을 내며 말했다.

"네 이놈, 담이 크구나! 감히 나의 수레를 가로막다니! 너는 머리통이 날아가는 것이 두렵지 않으냐?"

그러나 동선은 꿈쩍도 하지 않고 공주에게 살인을 저지른 시종을 비호하지 말고 당장 내놓으라고 호통을 쳤다. 그러나 공주는 더욱 노하여 단연코 거절하였다. 그러자 동선은 칼을 뽑아 들고 부하들에게 당장 살인자를 끌어내라고 하여 그 자리에서 바로 목을 베어버렸다.

호양 공주는 기가 질려 온몸을 벌벌 떨면서 즉시 광무제를 찾아

가서 동선의 행위를 고발했다. 그러자 광무제는 노발대발하여 당장 동선을 잡아다 죽이라고 명령을 내렸다. 동선은 광무제를 보자 큰 소리로 항변했다.

"폐하께서는 현명하신 군주로서 마땅히 법령을 중시하셔야 합니다. 지금 폐하께서는 살인한 시종을 비호한 공주의 편을 드시는데, 이렇게 하시고서야 어떻게 천하를 다스리시겠습니까? 폐하께서는 저를 죽이라 하실 필요가 없습니다. 제 스스로 부딪혀 죽겠습니다!"

말을 마치고 동선은 기둥으로 달려갔다. 광무제는 급히 그를 저지하고 그의 죄를 사면한다는 명을 내렸다. 그리고 공주 앞에 가서 무릎을 꿇고 잘못을 빌도록 했다. 그러나 동선은 이에 머리를 숙이지 않고 당당하게 말했다.

"신은 정의를 지키고자 함이었는데, 왜 머리를 숙이고 속죄해야 합니까? 신은 잘못이 없습니다!"

광무제는 환관들을 시켜서 동선을 붙잡고 공주 앞으로 끌고 가서 억지로 머리를 숙여 속죄하게 하려고 했다. 그러나 동선은 두 손으로 땅바닥을 버티고 머리를 꼿꼿이 쳐든 채 좀처럼 머리를 숙이지 않았다.

광무제는 할 수 없이 동선의 사죄를 받는 것을 그만두기로 하고 이렇게 말했다.

"네 목은 참으로 굳구나!"

군자는 화합하고, 소인은 동화한다

子曰, 君子和而不同, 小人同而不和.
자 왈　군 자 화 이 부 동　소 인 동 이 불 화

《논어》, 자로편

공자께서 말씀하셨다.

"군자는 화합하지만 동화하지 않고, 소인은 동화하지만 화합하지 않는다."

» 군자는 뜻이 맞지 않는 이들이라고 할지라도 대의를 위해 때로 화합하지만, 소인은 작은 이익에 휩쓸려 소신을 잃고 동화한다.

• 화和: 다른 사람들과 조화롭게 어울리다.
• 동同: 기호나 취미가 다른 사람들과 동화되다.

이론만
빠삭했어

　조괄은 조나라의 명장인 조사의 아들인데, 어렸을 때부터 병법 책을 두루 읽어서 군사적인 일을 논하게 되면 책에 있는 사실을 들어 말하곤 하여 그의 아버지조차 말문이 막히게 하였다. 그러나 조사는 아들이 대단한 군사가라고 인정하지 않았다.

　어느 해, 진나라가 조나라를 대대적으로 쳐들어왔다. 이때 조사는 이미 세상을 떠난 뒤여서 조나라 왕은 부득이 염파 장군을 파견하여 맞서 싸우게 하였다. 염파 장군은 경험이 풍부한데다가 군사 재능이 출중하였지만 군대가 연속적으로 패하여 사기가 떨어진 상황에서는 더 이상 대항하지 않는 게 좋겠다고 주장했다.

　이때 진나라 군대는 조나라에 간첩을 파견하여 '진나라는 염파를 겁내지 않는다. 다만 조사의 아들 조괄을 겁낼 뿐이다'라는 요언을 퍼뜨리게 했다. 조나라 왕은 이 말을 믿고 염파 장군 대신 조괄을 대장으로 임명하였다.

　조괄은 대장이 되자마자 염파의 방어망을 변경시키고 전선의 장군들을 모두 교체시킨 뒤 진나라에 대한 공격을 개시하였다. 그러자 진나라 군대는 후퇴하는 척하여 조나라 군대가 진영을 벗어나게 만들었다. 그런 다음 조나라 군대를 분산시켜 하나씩 하나씩 포위 공격하면서 군용물자 공급로를 모두 차단하였다. 조괄은 군대를 재촉하여 포위망을 뚫고 나가려 했지만, 진나라 진지에서 빗발치듯 날아오는 화살에 맞아 자신도 죽고 조나라의 40만 대군은 몰살당하고 말았다.

말보다 행동 먼저

子曰, 君子恥其言而過其行.
자 왈   군 자 치 기 언 이 과 기 행

《논어》, 헌문편

공자께서 말씀하셨다.

"군자는 그의 말이 행동을 넘어서는 것을 부끄럽게 여긴다."

≫ 군자는 말보다 행동이 앞서야 한다.

• 치恥: 부끄럽다, 수치스럽다.
• 과過: 지나치다.

라이벌이
절친 됐네

곽자의와 이광필은 당나라의 유명한 장수였는데, 관계가 별로 좋지 않아 평상시는 어느 한 쪽도 양보하는 법이 없었다.

안사安史의 난亂이 발발하자 현종 황제는 곽자의를 상방절도사로 승진시키고 그에게 힘이 되어 줄 대장을 선발하여 하북을 평정하게 했다. 이때 곽자의는 이광필을 가장 적합한 인물로 인정하여 그를 추천하였다.

그런데 이광필은 곽자의가 자기를 그곳에 가서 죽게 하려고 고의적으로 선발했다고 생각해서 떠나기 전에 곽자의에게 간절히 말했다.

"나는 그곳에 가서 죽기를 이미 각오하고 있소. 대신 한 가지 부탁할 게 있는데, 내가 그곳에 간 다음 나의 처자식을 해치지 말아 주시오."

곽자의는 눈물을 흘리면서 말했다.

"지금 국가가 위기를 맞아, 나는 장군이 이 위기에서 나라를 건질 인물이라 믿어 조정에 추천한 것이오. 장군이 나를 의심하고 있으니, 나도 그곳에 장군과 함께 가서 적을 토벌하겠소."

이광필은 곽자의의 말을 듣고 몹시 감동하였다. 그 후로 두 사람은 서로를 막고 있던 마음의 담을 허물고 좋은 친구가 되었다.

원한은 정직으로, 덕은 덕으로

或曰, 以德報怨, 何如?
혹 왈   이 덕 보 원   하 여

子曰, 何以報德? 以直報怨, 以德報德.
자 왈   하 이 보 덕   이 직 보 원   이 덕 보 덕

《논어》, 헌문편

어떤 사람이 여쭈었다.

"덕으로써 원한을 갚으면 어떻겠습니까?"

공자께서는 말씀하셨다.

"그러면 덕은 무엇으로 갚겠는가? 원한은 그른 것을 바로잡는 마음으로 갚고, 덕은 덕으로써 갚을 것이다."

>> 원한은 공평무사로써 갚아야 한다는 실천성을 강조하였다.

• 덕德: 은혜.
• 직直: 그른 것을 바로잡는 마음, 공평무사하여 올바름.

입술이 없으니
이가 시릴 수밖에

춘추시대에 진나라 헌공은 괵나라를 쳐서 자기의 세력을 확장하고자 했다. 그런데 진나라와 괵나라 사이에는 우나라가 끼어 있어서 괵나라를 치려면 반드시 우나라를 통과해야만 했다. 진나라 헌공이 부하 대신들에게 이 일을 두고 묻자, 대부 순식이 건의했다.

"듣건대 우나라 왕은 탐욕이 크다 하니, 폐하가 아끼시는 미옥美玉과 귀중한 말을 그에게 주고 길을 빌려달라고 해 보십시오. 그러면 반드시 승낙할 것입니다."

헌공은 순식의 건의를 받아들여서 우나라 왕에게 자기가 귀중히 여기는 두 가지 예물을 보냈다. 과연 우나라 왕은 그 예물을 보자 크게 기뻐하며 진나라 군대에게 길을 빌려 줄 것을 흔쾌히 승낙하였다. 그때 우나라 대부 궁지기가 그 결정을 듣고 급히 뛰어나와 말했다.

"안 됩니다! 우나라와 괵나라는 이와 입술과 같은 사이입니다. 입술이 없으면 이가 시립니다. 우리 작은 나라는 서로 의존하며 어려운 일이 있으면 피차 돌보며 살아나가는데, 만약 괵나라가 망하면 우리 우나라도 위태해집니다."

우나라 왕은 궁지기의 말을 듣지 않고 고집을 부렸다.

"진나라는 대국으로서 우리에게 이런 보물을 가져다주면서 단

지 길만 빌려 달라고 하는 것뿐이다. 만약 거절한다면 반드시 후환이 미칠 터이니 길을 빌려주어 가게 하라!"

궁지기는 실망하고 집으로 돌아가서 탄식하며 말했다.

"우나라가 곧 망하게 된다. 진나라는 괵나라를 멸망시키고 돌아가는 길에 반드시 우나라를 칠 것이다!"

궁지기는 말을 마치고 아내에게 짐을 싸서 밤중에 우나라를 떠나게 했다.

과연, 그가 예상했던 대로 진나라는 괵나라를 멸망시키고 돌아가는 길에 우나라를 쳐서 군사들을 포로로 삼고 왕에게 주었던 미옥과 말을 빼앗아 갔다.

멀리 보고 대비하라

子曰, 人無遠慮, 必有近憂.
자 왈　　인 무 원 려　　필 유 근 우

《논어》, 위령공편

공자께서 말씀하셨다.

"사람이 먼 앞날을 걱정하지 않으면 반드시 가까운 날에 근심이 생긴다."

》》 사람은 반드시 앞날에 대한 깊은 생각이 있어야 한다.

• 려慮: 걱정하다, 고려하다.
• 우憂: 근심하다, 우려하다, 우환.

항복,
항복!

곽운은 원나라 말기 장군으로 의병을 통솔하여 성을 방어하였다. 그때 명나라 대장 서달이 군대를 이끌고 북상하면서 하남을 석권할 때 각 군을 지키던 병사들은 모두 다 도망을 쳤지만, 오직 곽운은 여전히 병사를 이끌어 굳게 지키고 있었다.

명나라 군대가 도착하자 곽운은 군대를 거느리고 성 밖으로 나가 대항하였으나 불행하게도 싸움에서 패하여 포로가 되었다. 포로가 된 곽운은 심문을 당할 때도 추호도 굴하지 않고 떳떳이 말하였다.

"대장부는 선 채로 죽을지언정 꿇고는 살지 않는다. 비록 나는 너희들에게 붙잡혔지만, 죽이려면 죽이고 너희들 마음대로 하라!"

서달은 곽운의 위엄 있는 모습에 크게 감동하여 사람을 시켜 황제 주원장에게 보내 황제의 발령을 기다리게 했다. 주원장은 곽운의 재능을 알아보고 덕으로 그를 굴복시켜 자기 사람으로 기용하기로 결정하였다.

이날 끌려온 곽운을 보고 주원장은 친히 그를 결박한 밧줄을 끊어주며 그를 따뜻이 대해 주었다. 그러한 주원장의 태도를 보고 곽운은 마음이 움직이면서 태도가 조금씩 달라졌다.

주원장과 곽운은 눈앞의 정치 형세에 대해 이야기를 나누었는데, 곽운의 많은 견해들이 주원장을 감복시켰다. 주원장이 말했다.

"당신은 정말 재능이 많은 사람이오! 그대가 귀순할 의향만 있다면 대명(大明, 명나라)은 열렬히 환영하오!"

곽운이 보아 하니 원나라는 이미 와해되었고, 주원장이 그렇게까지 예의로 대하니 망설일 이유가 없었다. 그는 즉시 명나라에 투항하였다.

남의 말을 듣는 올바른 자세

子曰, 君子不以言擧人, 不以人廢言.
자 왈   군 자 불 이 언 거 인   불 이 인 폐 언

《논어》, 위령공편

공자께서 말씀하셨다.

"군자는 그 사람 말만 듣고서 그를 등용하지 않고, 그 사람의 행실 때문에 그 사람이 하는 말을 무시하지 않는다."

≫ 사람됨과 말을 혼동해서는 안 됨을 깨우쳐 주고 있다.

• 거擧: 천거하다, 추천하다, 여기서는 등용의 뜻으로 쓰였다.
• 폐廢: 폐기하다, 쓸모없는 것.

수모를 참고 기회를 노리는 거야

수나라 황제였던 양제는 잔인하고 난폭하며 의심이 매우 많은 사람이어서 조정의 대신들이 반역을 일으킬까 봐 늘 두려워하면서 각별히 경계하였다. 반면 당국공 이연은 성격이 호방하고 사람을 대함에 열정적이었으며, 강호의 호걸들과 사귀기를 좋아하여 많은 사람들이 그를 따랐다. 그로 인해 수나라 양제는 그에 대하여 잠시도 마음을 놓을 수가 없었다.

하루는 양제가 이연을 궁궐로 불렀는데, 이연은 몸이 아파서 갈 수가 없다 하고 며칠간 말미를 청하고 가지 않았다. 이 일을 계기로 양제는 그에 대한 의심이 부쩍 더 커졌다. 이연의 조카딸인 왕씨가 양제의 후궁이었는데, 양제는 왕씨에게 이연의 병이 심하다니 죽지 않겠는가 하고 물었다. 이연은 왕씨에게 이 말을 전해 듣고 화가 났지만, 현재 자신의 힘으로는 어찌할 수 없으므로 꾹 참고 기회를 기다릴 수밖에 없었다.

그 후 이연은 일부러 자신의 명성을 깎아내리려고 온종일 개와 말의 무리 속에서 시간을 보냈다. 양제는 이연의 이런 모습을 보고 그에 대한 경각심을 늦추었다.

이연은 이런 기회를 틈타 몰래 병사들을 모집하고 말을 사들여 힘을 축적하였다. 그리고 때가 되자, 천하가 어지러운 시기를 이용하여 태원에서 병사를 일으켜 수나라를 뒤엎고 당나라를 건립하였다.

감정의 동요를 경계하라

子曰, 巧言亂德, 小不忍則亂大謀.
자 왈   교 언 난 덕   소 불 인 즉 난 대 모

《논어》, 위령공편

공자께서 말씀하셨다.

"교묘한 말은 덕을 어지럽히고, 작은 일을 참지 못하면 큰 계획을 그르친다."

≫ 말과 감정을 잘 다스려야 한다.

- 교언巧言: 교묘하게 꾸며 시비를 현혹시키는 말.
- 난덕亂德: 덕을 흐트러뜨림.
- 소불인小不忍: 작은 일을 못 참다.
- 난대모亂大謀: 큰 계획을 흐트러뜨리다, 망치다.

어린 사람이라도
기꺼이

명나라 말기에서 청나라 초기의 대학자였던 고염무는 일생 동안 출신을 따지지 않고, 각지의 학자들과 어울리며 어진 친구들을 많이 사귀었다.

어느 날, 그는 제남 교외에서 산보를 하다가 많은 사람들이 둘러서 있는 것을 발견하였다. 호기심이 발동해서 다가가 보니 장이기라는 젊은이가 《예기》의 내용을 바탕으로 연설을 하고 있었는데, 그 옆에서 몇몇 사람이 밑도 끝도 없이 그와 논쟁을 하고 있었다. 반론을 펴는 사람들에게 어떤 고명한 식견이 있는지 가만히 듣고 있자니, 장이기의 학식이 보통이 아니었다.

원래 장이기는 이 지역에서 글을 가르치는 선생이었는데, 아버지가 조정에서 죄를 지어 살해되자 관직을 버리고 오직 학문 연구에만 전념하고 있었다.

고염무는 장이기와 사귀고 싶어서 그 이튿날 친히 그의 집을 찾아갔다. 장이기는 고염무가 저명한 대학자라는 것을 알면서도 고의적으로 그를 피하여 만나지 않았다. 그러나 고염무는 상관하지 않고 날이 어두울 때까지 그의 집 문 앞에서 기다렸다. 그런 고염무의 성심에 감동한 장이기는 결국 문 밖으로 나와 그를 맞이했다. 이로부터 두 사람은 절친한 친구가 되었다.

벗을 선택할 때

孔子曰, 益者三友, 損者三友.
공자왈 익자삼우   손자삼우

友直, 友諒, 友多聞, 益矣.
우직 우량   우다문   익의

友便辟, 友善柔, 友便佞, 損矣.
우편벽   우선유   우편녕   손의

《논어》, 계씨편

공자께서 말씀하셨다.

"유익한 벗이 셋이 있고, 해로운 벗이 셋이 있다. 정직한 사람을 벗하고, 신실한 사람을 벗하고, 견문이 많은 사람을 벗하면 유익하다. 위선적인 사람을 벗하고, 아첨 잘하는 사람을 벗하고, 말만 잘하는 사람을 벗하면 해롭다."

➤➤ 벗을 사귈 때는 나에게 유익한 사람과 해가 되는 사람을 잘 가려서 선택해야 한다.

• 직直: 강직하다, 정직하다.
• 양諒: 미더운 사람, 신의가 있는 사람.
• 다문多聞: 박학다식하다.
• 편벽便辟: 겉으로 위엄만 부리면서 정직하지 않은 사람, 즉 위선적이고 가식적인 사람.
• 선유善柔: 잘 굽히는 사람. 즉 아첨하며 남의 비위를 잘 맞추는 사람.
• 편녕便佞: 제대로 아는 것 없이 말만 잘하는 사람.

죽지 않고 사는 것도 내가 바라는 것이고 의로운 삶을 지향하는
것도 내가 바라는 것인데, 둘을 모두 이룰 수 없다면 목숨을
버리고 의를 취하는 것을 선택하겠다.

- 《맹자》-

맹자

《맹자》는 공자의 가르침을 보완하고 확장하여 인(仁)에 의(義)를 더함으로써 인의(仁義)를 강조한 유가 정치논리학 경전이다.

나라가 저절로 부강해지는 법

전국시대에 각 제후국들은 세력과 기반을 확장하기 위하여 해마다 전쟁을 하였다. 한번은 양나라 혜왕이 맹자에게 물었다.

"나는 전심전력으로 나라를 다스렸다고 자신 있게 말할 수 있소. 가령 하내 쪽에서 수확이 나쁠 때면 그곳 주민들을 하동으로 보내어 그 지역의 풍족한 양식을 가져오게 했소. 역시 하동 쪽에서 수확이 나쁘면 또 그와 같은 방법으로 구제를 했다오. 그런데 이웃나라 왕은 백성들에게 나처럼 하는 것이 하나도 없는데 어찌하여 그 나라 백성들은 밖으로 도망치지도 않고, 또 우리나라 백성은 늘지 않는 것이오?"

맹자가 대답했다.

"임금께서는 전쟁하기를 좋아하시니 전쟁에 비유하여 말씀드리겠습니다. 만약 두 나라가 전쟁을 하여 도주병이 생기게 되었는데, 어떤 도주병은 100보에서 멈춰 서고, 어떤 도주병은 50보에서 멈춰 섰다 생각해 보십시오. 이때 50보를 도주한 병사가 100보 도주한 병사를 보고 간담이 작고 죽기를 무서워한다고 조롱한다면 그의 말이 옳은 것입니까?"

"당연히 틀린 말이지요. 그 병졸은 100보를 도망치지 않았을 뿐이지 역시 같은 도주자 아니오?"

"임금께서는 이 도리를 알고 계시면서 어찌하여 남의 나라보다 백성이 많아지기를 원하십니까? 만약 임금께서 전쟁을 그치고 농사일을 중시하셔서 백성들이 의복이나 양식이 풍족하고 평안히 살게 된다면, 각국의 백성들이 저절로 찾아들 것이고 나라는 자연히 강해질 것입니다."

혜왕은 맹자의 말을 듣고 고개를 끄덕였다.

백성이 괴롭게 느끼기는 오십 보 백 보일 뿐이다

孟子曰, 塡然鼓之, 兵刃旣接,
맹 자 왈   전 연 고 지   병 인 기 접,
棄甲曳兵而走. 或百步而後止,
기 갑 예 병 이 주   혹 백 보 이 후 지,
或伍十步而後止.
혹 오 십 보 이 후 지.
以伍十步笑百步, 則何如?
이 오 십 보 소 백 보   즉 하 여

《맹자》, 양혜왕 상편

맹자께서 말씀하셨다.

"둥둥 북이 울리면 병기 날이 이미 맞붙었는데, 갑옷을 벗어버리고 무기를 질질 끌면서 도망합니다. 어떤 병사는 100보를 가다가 멈추고 어떤 병사는 50보를 가다가 멈추었는데, 50보 도망한 자가 100보 도망한 자를 보고 비웃는다면 어찌하겠습니까?"

>> 전쟁 중에 얼마만큼 도망하였느냐를 따지기 전에 도망하였다는 사실 그 자체가 더 중요하다. 이와 마찬가지로 백성을 조금 착취하여 괴롭게 한 것이

나 백성을 많이 착취한 것이나 백성을 괴롭혔다는 점에서는 본질적으로 차이가 없다.

- 전연塡然: 둥둥 하는 북소리.
- 고지鼓之: 북을 울리다.
- 병兵: 병기.
- 인刃: 병기의 칼날.
- 기접旣接: 서로 맞닿음.
- 기갑棄甲: 갑옷을 벗어버리다.
- 예병曳兵: 병기를 끌다.
- 혹或: 어떤 사람.
- 하여何如: 어떻겠는가?

태평성대를 이룬 까닭은

한나라 문제 유항은 고조 유방의 아들이다. 문제는 재위 기간 동안 훌륭한 모사들의 건의를 받아들여 백성들의 조세를 가볍게 하고 예법을 숭상하는 정책을 실행하였다. '양로령養老令'을 내려 80세 이상의 노인에게는 매달 해당 지역의 관청에서 쌀과 고기를 타갈 수 있게 했고, 90세 이상의 노인에게는 옷감과 솜을 더 하사하여 노인을 봉양하였다.

무엇보다도 농업을 중시하여 농토에 부과하는 세금을 대폭 면제하고 부역도 줄여 주었다. 이런 정책은 농민들의 부담을 크게 경감시켜서 백성들이 충분한 시간을 가지고 농업 생산에 힘쓸 수 있게 해주었다.

문제가 다스리는 기간 동안, 농민들은 날이 밝기 전에 밭에 나가 일을 시작해서 해가 져도 집으로 돌아가기를 싫어하였다. 이로써 국력은 점점 강성해졌고 인구도 증가하였다.

문제가 죽고 그의 아들 경제가 제위를 계승하였다. 그 역시 농업을 중시하여 조정의 문무백관들에게도 농사짓기를 권고했으며, 황후를 시켜 직접 누에를 기르고 천을 짜도록 권고하였다. 그리하여 그가 황제의 자리에 있는 동안, 한나라는 백성 중 어느 한 집도 의식을 걱정하지 않는 태평성대를 구가하였다.

이와 같이 문제와 경제가 백성들로 하여금 평화를 누리는 가운데 즐거이 일할 수 있게 함으로써 나라가 부강하게 된 이때를 가리켜 '문경지치文景之治'라고 부르게 되었다.

왕도정치의 바른 자세

孟子曰, 不違農時, 穀不可勝食也.
맹 자 왈 불 위 농 시 곡 불 가 승 식 야
數罟不入洿池, 漁鼈不可勝食也,
수 고 불 입 오 지 어 별 불 가 승 식 야
斧斤以時入山林, 材木不可勝用也.
부 근 이 시 입 산 림 재 목 불 가 승 용 야
穀與漁鼈不可勝食, 材木不可勝用,
곡 여 어 별 불 가 승 식 재 목 불 가 승 용
是使民養生喪死無憾也.
시 사 민 양 생 상 사 무 감 야
養生喪死無憾, 王道之始也.
양 생 상 사 무 감 왕 도 지 시 야

《맹자》, 양혜왕 상편

맹자께서 말씀하셨다.

"농사철을 놓치지 않게 하면 곡식이 이루 다 먹을 수 없을 만큼 넉넉하게 될 것입니다. 촘촘한 그물을 웅덩이와 연못에 던지지 않게 하면 물고기와 자라가 이루 다 먹을 수 없을 만큼 넉넉해지고, 도끼를 적절한 때를 지켜 산림에 들여놓게 하면 재목은 이루 다 쓸 수 없을 만큼 넉넉하게 될 것입니다. 곡식과 물고기와 자라가 다 먹을 수 없을 만큼 넉넉하고 재목이 이루 다 쓸 수 없을 만큼 넉넉하면, 이것은 백성들이 산 사람을 봉양하고 죽은 사람을 장사 지내는 데 유감이 없게 됩니다. 산 사람을 봉양하고 죽은 사람을 장사 지내는 데 유감이 없게 하는 것이 왕도정치의 시작입니다."

≫ 맹자는 양나라 혜왕에게 왕도정치의 바른 자세를 일깨워 주면서 백성들이 풍족한 양식을 거두고 평안히 살아가도록 해야 함을 말하고 있다.

- 농시農時: 농사철인 봄, 여름, 가을.
- 불가승식不可勝食: 이루 다 먹을 수 없다.
- 수고數罟: 구멍이 촘촘하고 작은 그물.
- 부근斧斤: 날이 선 도끼.
- 상사喪死: 죽은 사람을 장사지내다.
- 무감無憾: 유감이 없다.

남의 아들을 살리려고

춘추시대 말기 진나라 왕은 간신 도안고의 참언을 듣고 명령을 내려 조삭과 그의 세 삼촌인 조동, 조괄, 조영 등 조씨 일가를 모조리 살해하게 했다. 요행히 조삭의 부인만이 미리 몸을 피해 숨어 그 고비를 넘길 수 있었다. 그때 조삭의 부인은 만삭의 몸으로 해산이 가까워져 있었다.

조삭의 문객 중에 공손저구라는 사람이 있었는데, 그는 조삭에 대한 충성심이 지극했다. 이제 조씨 가문이 파멸하자, 그는 몹시 원통하여 친구 정영을 보고 말했다.

"주공께서 이런 큰 화를 당하였으니 우리 함께 죽어버리세!"

공손저구의 말을 들은 정영은 그에게 비밀 한 가지를 알려주었다.

"듣건대 부인께서 이미 해산을 하셨다 하니, 우리가 마땅히 그분의 유일한 혈육을 보호해야 하네."

그런데 무슨 수로 간신 도안고의 눈을 피할 수 있겠는가. 공손저구와 정영은 며칠을 두고 고민한 끝에 중대한 결정을 내렸다.

그 이튿날, 정영은 도안고를 찾아가 조삭 부인이 낳은 아이가 숨어 있는 곳을 안다고 고발했다. 그러자 도안고는 병졸을 이끌고 정영을 따라갔다. 다다른 곳은 움막집이었는데, 과연 백발이 성성한 노인이 아이에게 뭔가를 먹이고 있었다. 노인은 그들을 보자 정영에게 욕설을 퍼부었다. 도안고는 즉시 영을 내려 그 노인과 아이를 당장 죽이라고 호령했다. 그 노인은 다름 아닌 공손저구였고, 그 아이는 정영의 친아들이었다. 정영은 눈앞에서 친구와 자기 아들이 살해되는 것을 보고 가슴이 찢어지듯이 아팠지만, 차마 눈물을 보일 수가 없었다.

이렇게 아들과 친구를 잃은 정영은 그 후 이름을 숨긴 채 조삭의 아들 조무를 데리고 깊은 산속에서 숨어 살았다. 그로부터 십수 년이 지나 조무가 장성하자, 두 사람은 조정에 있던 대신 한궐의 도움을 받아 도안고의 원수를 갚았다.

정영은 드디어 조씨 가문의 원한도 풀고, 조삭의 후손을 밀고했다는 억울한 누명도 벗었으나, 십여 년 동안 아들과 친구를 잃은 슬픔에서 벗어나지 못하고 괴로워하다가 끝내 자기의 생명을 스스로 저버리고 말았다.

그 후, 조삭의 아들 조무는 영웅적 기개를 지닌 사내대장부로서 자신의 가문을 다시 일으켰다.

효와 사랑의 실천은 가까운 곳에서부터

孟子曰, 老吾老, 以及人之老,
맹자왈　노오노　이굽인지노
幼吾幼, 以及人之幼.
유오유　이굽인지유

《맹자》, 양혜왕 상편

맹자께서 말씀하셨다.

"내 집안의 노인을 공경하는 마음을 미루어서 남의 집 노인 어른에까지 이르게 하고, 내 아이를 사랑하는 마음을 미루어서 남의 아이에까지 이르게 해야 한다."

➤➤ 인애와 효는 가까운 곳에서 이웃과 사회로 실천되어 나가야 한다.

- 노오노老吾老: 앞의 '노'는 노인을 공경하고 섬긴다는 동사로 쓰였고, 뒤의 '노'는 연로한 부모형제를 뜻하는 명사로 쓰였다.
- 오吾: 나, 우리.
- 이급以及: 그리고, 아울러, ~까지.

널리 알린 결과

촉나라의 관우가 유비의 명을 받고 군대를 이끌고 나가 번성에 주둔하고 있는 조조의 군대를 포위하였다. 이에 조조가 구원병을 보냈지만, 마침 장마철이라 강물이 크게 불어 그들 대부분이 물에 빠져죽고 말았다. 이때 속수무책 상태에 있는 조조에게 사마의가 계책을 내놓았다. 오나라의 손권과 연합하여 관우를 물리치자는 것이었다. 이를 받아들인 조조는 손권에게 사신을 파견하여 자기의 의사를 전달하였다.

손권은 군대를 출병하여 조조를 돕겠다는 말과 함께 우선 이 사실을 비밀에 부칠 것을 요구하였다. 조조는 대신들을 불러 이 문제를 상의하였다. 대신들은 마땅히 손권의 말대로 하자고 했는데, 유일하게 동조가 반대하고 나섰다.

"폐하, 소신이 생각하건대 이 일은 손권이 요구하는 대로 비밀리에 진행해서는 안 됩니다. 오히려 이 사실을 고의적으로 관우에게 흘러들어가게 해야 합니다. 그러면 관우는 손권에게 복수하고자 할 것이고, 그렇게 되면 우리는 산 위에 앉아 두 호랑이가 싸우는 것을 구경만 하면 됩니다. 둘 중 어느 쪽이 이기든 우리에게는 득이 될 것입니다."

"일리 있는 말이오. 계속해 보시오."

"그리고 성 안에는 손권의 지원병이 온다는 소식을 퍼뜨려야 합니다. 그러면 성 안에 있는 병졸들은 사기가 올라서 성을 지키는 기간을 더 연장할 수 있습니다."

조조는 동조의 의견을 따르기로 결정했다. 과연 동조가 예측한 대로 관우는 감히 앞으로 나아가지 못하고 후퇴도 하지 못했다. 손권의 지원군이 도착하자, 관우는 번성은 공격도 못해 보고 오히려 손권의 군대에게 잡히고 말았다.

저울로 달아볼 수도 없고

孟子曰, 權然後知輕重, 度然後知長短.
맹 자 왈   권 연 후 지 경 중   도 연 후 지 장 단
物皆然, 心爲甚.
물 개 연   심 위 심

《맹자》, 양혜왕 상편

맹자께서 말씀하셨다.

"저울로 달아본 후라야 경중을 알게 되고, 자로 재어 본 후에야 길고 짧은 것을 알게 된다. 세상의 물건이 다 그렇지만, 사람의 마음은 그 경중을 헤아리기가 매우 어렵다."

》》 물정은 파악하기 쉬워도 인정은 파악하기 심히 어렵다.

• 권權: 여기서는 '저울'이라는 명사로 쓰였다.
• 도度: 길이를 재는 자.
• 개皆: 부사로서 모두, 전부, 다.
• 심甚: 매우, 대단히, 극히.

죽음 앞에서 거문고 한 곡

중국 삼국시대의 관리였던 혜강은 직급은 낮았지만, 불의와 악을 미워하여 타협할 줄을 몰랐다. 당시 위나라는 정권이 매우 위급한 상태에서 조정의 대권을 사마씨가 장악하고 있었다. 그 위세 앞에서 많은 관리들이 자기의 관직을 보존하기 위해 사마씨의 비위를 맞추려고 애를 썼지만, 혜강은 이런 세태를 통탄하며 관직을 버리고 고향으로 돌아갔다

그런데 혜강의 친구인 산도(산거원)가 사마의의 둘째 아들 사마소에게 그를 장군으로 추천하고, 혜강에게 편지를 보냈다. 편지의 내용은 사마씨를 기분 상하게 하여 목숨을 잃게 되는 위험을 초래하지 말라는 것이었다.

혜강은 산도의 편지를 읽고 성이 나서 산도와 관계를 끊어버렸다. 그리고 사람이라면 반드시 몸을 바르게 하고 강직하며 아첨하지 말아야 한다고 여기고 '산거원에게 보내는 절교 편지'를 써서 권위에 머리 숙이지 않는 자기의 기개를 표명하였다.

혜강이 사마씨에게 머리를 숙이지 않자 사마소는 억울한 누명을 씌워 그를 처형하였다. 사형장에 나가기 전, 그는 태연자약한 모습으로 거문고로 음악 한 곡을 탔다. 그의 기개와 불굴의 정신에 사람들은 절로 탄복하였다.

호연지기

孟子曰, 我知言,
맹 자 왈　아 지 언,
我善養吳浩然之氣.
아 선 양 오 호 연 지 기

《맹자》, 공손추 상편

맹자께서 말씀하셨다.

"나는 남의 말을 잘 이해하고, 나의 호연지기를 잘 기른다."

》》 호연지기는 비도덕적인 것을 제거하고 도의를 실천하는 진정한 용기를 말

한다.

• 호연지기浩然之氣: 도의道義에 근거根據를 두고 굽히지 않고 흔들리지 않는 바르
고 큰 마음, 공명정대公明正大하여 조금도 부끄럼 없는 용기.

일곱 번 잡아 일곱 번 풀어 주었더니

유비는 임종 때 제갈량에게 아들 유선을 부탁하여 돌보게 하였다. 제갈량은 어린 황제를 보필하는 중대한 임무를 맡아 온 힘을 다하였다.

그때 남쪽의 몇몇 지방에서 반란이 일어났다. 제갈량이 군대를 이끌고 나가 반란을 거의 진압하려는 차에 맹획이라는 부락 족장이 패잔병들을 끌어 모아 반격을 감행했다. 제갈량은 맹획이 보기 드문 훌륭한 장수임을 알아보고 그를 생포하기로 결심했다.

맹획은 용맹하였지만 계책을 쓸 줄 몰랐다. 그래서 첫 싸움에서 제갈량의 매복 전술에 걸려 포로로 잡히고 말았다.

맹획은 속절없이 죽게 되었다고 생각하였는데, 제갈량이 사람을 시켜 결박한 것을 즉시 풀어 주고 투항할 것을 권하였다. 이에 맹획은 불복했다.

"내가 잘못하여 당신의 꾀에 속았는데, 어찌 굴복하라 하는가?"

그러나 제갈량은 그를 결박하지 않고 오히려 그를 초군으로 데려가 군영을 돌아보았다. 맹획은 아무렇지 않게 말했다.

"이전에는 당신들의 진영을 잘 몰라 패전을 했지만, 오늘 당신네 진영을 살펴보니 싸워 이기는 일이 그리 어려운 일이 아닌 것 같습니다."

제갈량은 크게 웃으며 말했다.

"그렇다면 장군이 귀국하여 잘 준비해서 또 한 번 싸워봅시다."

맹획은 돌아가서 군대를 잘 정돈한 후 또 한 차례 공격을 시도하였다. 그러나 이번에도 제갈량의 병사들에게 바로 포로가 되고 말았다. 제갈량은 맹획에게 투항을 권고하였다. 맹획이 불복하자 제갈량은 또 다시 그를 돌려보냈다. 이런 식으로 맹획이 잡히면 풀어 주고, 다시 잡히면 또 풀어 주고…; 이와 같이 하기를 일곱 번을 반복하였다. 일곱 번째 잡혀온 맹획은 제갈량이 또 보내 주자 가지 않으려고 했다.

맹획은 감격하여 눈물을 흘리면서 말했다.

"승상께서는 저를 일곱 번 잡아 일곱 번 풀어 주셨는데, 이제는 항복하렵니다. 오늘부터는 결코 다시 반격하지 않겠습니다."

이로부터 남방은 평화를 되찾았다.

무력이 아니라 덕으로 다스려야 한다

孟子曰, 以力服人者, 非心服也,
맹자왈 이력복인자 비심복야

力不贍也. 以德服人者,
력불섬야 이덕복인자

中心悦而誠服也.
중심열이성복야

《맹자》, 공손추 상편

맹자께서 말씀하셨다.

"무력으로 사람을 복종시킨다면 사람들이 진심으로 복종하지 않고, 힘이 부족하여 억지로 복종하는 것이다. 덕으로써 사람들을 복종시킨다면 진심으로 기뻐하며 복종하게 된다."

》》 왕도는 무력이 아닌 덕으로써 행해야 한다.

• 불섬不瞻: 부족하다.
• 중심中心: 마음속으로, 진심으로.
• 성복誠服: 진심으로 복종하다.

내가 내놓은 형벌이
내게 돌아오네

측천무후는 중국 역사상 유일한 여자 황제였다. 그는 통치를 공고히 하기 위하여 고압적인 공포정치를 취하여 한 무리의 혹리(酷吏: 모든 일을 법령에 의거하여 혹독하고 무자비하게 시행한 관리)들을 조직하여 자기에게 반대하는 사람들을 처단하게 했다. 이들 혹리 중에 가장 지독한 사람은 주흥과 내준신이었다. 그들은 모함과 밀고, 잔인한 형벌로 수많은 정직한 관원들을 살해했다.

한번은 측천무후가 비밀 편지를 받았는데, 그 내용인즉 주흥이 다른 사람과 함께 반역을 꾀하고 있다는 것이었다. 측천무후는 노발대발하여 내준신을 시켜 이 일을 조사하게 했다. 내준신은 주흥이 두뇌가 비상하고 모략이 다양하여 대처하기 어려움을 알고, 한 가지 지독한 계책을 꾸몄다. 내준신은 일부러 술에 취한 체하고 주흥에게 물었다.

"노형, 최근에 들어온 죄인 하나가 입이 무거워서 죽어도 죄를 시인하지 않습니다. 들자하니 노형이 죄인을 심문하는 데 일가견이 있다고 하던데, 나한테 한두 가지만 가르쳐 줄 수 없겠소?"

내준신의 말을 듣고 주흥은 미소를 띠며 말했다.

"허허, 자네가 사람을 볼 줄 아는구면. 내가 그 방면에는 전문가지. 자, 아우. 내가 기막힌 방법을 하나 추천해 주겠네. 이 방법을 쓰면 그 범인은 곧바로 죄를 자백할 걸세."

내준신은 주흥의 말을 듣고 일부러 귀를 기울이며 빨리 말하라고 재촉을 했다. 주흥은 득의양양해서 말했다.

"먼저 큰 독 하나를 장만하여 주위에 숯불을 피워 항아리를 달군 다음, 그 독 안에 범인을 잡아넣으면 되네."

"노형, 정말 고명하십니다."

내준신은 큰소리로 사람을 불러 큰 단지를 가져오게 한 다음, 그것을 숯불에 달구라고 명령했다. 잠시 후 독이 숯불에 벌겋게 달아올랐다. 이때 내준신이 일어나서 공손하게 주흥에게 말했다.

"노형, 들어가시지요."

주흥은 깜짝 놀라 벌벌 떨면서 말했다.

"농담이 지나치십니다."

이에 내준신이 말했다.

"노형, 당신이 반역을 꾀한다고 어떤 사람이 밀고를 해왔소. 죄송하지만 노형께서 친히 독 안의 맛이 어떤지 체험을 해 보시지요."

주흥은 내준신의 말을 듣고 경황실색하여 땅바닥에 꿇어 엎드려 머리를 연신 짓찧으며 말했다.

"제가 죄를 지었습니다. 자백하겠습니다."

주흥은 그 자리에서 자기가 사람들을 모아 반역 준비를 했노라고 이실직고했다.

얼마 후, 측천무후는 주흥을 먼 변방으로 추방시켰는데, 추방되어 가는 길에 원한에 찬 사람들에게 살해되었다.

모든 행동에는 대가가 따른다

孟子曰, 太甲曰, 天作孽,
맹 자 왈   태 갑 왈   천 작 얼
猶可違, 自作孽, 不可活.
유 가 위   자 작 얼   불 가 활
此之謂也.
차 지 위 야

《맹자》, 공손추 상편

맹자께서 말씀하셨다.

"《태갑》에 이르기를 '하늘이 내리는 재화는 피할 수가 있지만, 스스로 불러들인 재화로부터는 도망할 길이 없다'라고 하였으니, 바로 이것을 두고 한 말이다."

≫ 잘못한 행동은 언젠가 스스로 화를 불러오게 된다.

• 얼孽: 재앙, 재화.
• 유猶: ~조차, ~까지, 마치 ~와 같다.

여섯 자 골목

청나라 때 '안휘 동성에 사는 장 씨'라고 하면 모르는 사람이 없었다. 그것은 그 집안의 장영과 장정옥, 두 부자父子가 모두 조정의 재상이어서 그 위세가 이만저만한 것이 아니었기 때문이다.

장영의 집 이웃에는 엽 씨 성을 가진 수재가 살고 있었는데, 통행의 편리를 위해 두 집 사이에는 좁은 길이 하나 나 있었다. 얼마 후에 엽 씨 쪽에서 집을 수리하면서 집을 좀 넓게 하려고 그 길을 침범하게 되었다. 장 씨가 이것을 보고 화가 잔뜩 나서 소리쳤다.

"어찌하여 두 집이 공동으로 쓰는 길을 당신네가 점유하는 것인가?"

그러나 엽 씨 쪽도 만만치 않은 인물이어서 좀처럼 양보하지 않았다. 그러자 장 씨는 홧김에 관청에 고소를 했다. 현감은 근심에 쌓였다.

"어찌 할꼬? 두 집 다 미움을 사서는 안 되는 사람들인데…."

현감은 감히 결론을 내리지 못하고 차일피일 미루었다. 장 씨는 현감의 판결이 늦어지자, 조정에 있는 아들 장정옥에게 편지를 써 보냈다. 장정옥은 아버지 편지를 받고 웃음을 짓더니 시 한 수를 지어 보냈다.

천리에서 온 편지 다만 벽 때문인데

석 자를 양보하면 뭐가 방해되는가

만리장성은 오늘도 여전한데

당년의 진시황은 보이지 않네.

장 씨는 장정옥의 편지를 보고 아들의 마음 씀씀이가 매우 깊다고 여겨 자진하여 그 길에 석 자를 양보하였다. 엽 씨는 장 씨가 석 자나 양보하자 갑자기 미안한 마음이 들어 똑같이 석 자를 양보하였다. 이렇게 되어 두 집 사이의 골목길이 여섯 자 폭으로 넓어졌다. 이로부터 이 골목길에 관한 이야기는 오늘날까지 아름다운 이야기로 이어져 내려오고 있다.

사람이 지녀야 할 마음

孟子曰, 惻隱之心, 仁之端也,
맹 자 왈   측 은 지 심   인 지 단 야

羞惡之心, 義之端也,
수 오 지 심   의 지 단 야

辭讓之心, 禮之端也,
사 양 지 심   예 지 단 야

是非之心, 智之端也.
시 비 지 심   지 지 단 야

人之有四端也, 猶其有四體也.
인 지 유 사 단 야   유 기 유 사 체 야

《맹자》, 공손추 상편

맹자께서 말씀하셨다.

"측은하게 여기는 마음은 인의 단서가 되고, 부끄러워하는 마음은 의의 단서이며, 사양하는 마음은 예의 단서이고, 옳고 그른 것을 가리는 마음은 지의 단서가 된다. 사람이 이 네 가지를 가지고 있는 것은 그의 사지를 가지고 있는 것과 같다."

>> 사람이라면 누구나 측은지심惻隱之心, 수오지심羞惡之心, 사양지심辭讓之心, 시비지심是非之心, 이 네 가지 마음을 가져야 한다.

• 단端: 사물의 끝, 시작. 여기서는 '기초', '단서'의 의미로 쓰였다.
• 사양辭讓: 받을 것을 안 받거나 자리를 남에게 내어줌.
• 사체四體: 사람의 사지四肢, 두 팔과 두 다리.

싸우지 않고 이겼지

하나라의 개국 황제인 우 임금 때 제후 중에 유호씨라는 이가 있었는데, 그는 하나라와 줄곧 갈등이 있었다.

어느 해, 유호씨가 하나라에 맹공을 가해 오자, 우 임금은 자기의 아들 계啓를 파견하여 맞서 싸우게 했다. 계는 나름대로 준비를 충분히 하여 전쟁에 임했지만, 유호씨의 군대에 패하고 말았다. 병사들은 이에 불복하여 계에게 다시 한 번 나아가 싸워보겠다고 하였다. 그러자 계가 말했다.

"지금은 싸우지 말자. 우리는 그들보다 군사의 수도 많고, 병마도 튼튼하고, 땅도 넓다. 그럼에도 불구하고 패전을 한 것은 우리 병사들이 용맹하지 못했기 때문이 아니라, 장수인 내가 덕이 부족하고 통솔하는 방식에 문제가 있기 때문이다. 먼저 내가 나 자신을 돌아보고 결점을 바로잡아야 다음 전쟁에서 승리를 거둘 수 있다."

그로부터 계는 매일 아침 일찍 일어나 밤늦게까지 부지런히 배우고 열심히 단련하며, 병사들을 자기 형제 돌보듯이 세심하게 보살폈다.

유호씨는 이런 계의 일거일동을 알게 되자, 진심으로 승복하고 하나라로 투항해 왔다.

활을 쏘는 사람처럼

孟子曰, 仁者如射, 射者正己而後發.
맹 자 왈   인 자 여 사   사 자 정 기 이 후 발
發而不中, 不怨勝己者, 反求諸己而已矣.
발 이 부 중   불 원 승 기 자   반 구 제 기 이 이 의

《맹자》, 공손추 상편

맹자께서 말씀하셨다.

"인을 행하는 사람은 활쏘기 하는 사람과 같으니, 활을 쏘는 사람은 자기 몸을 바르게 한 후에 활을 발사한다. 쏘아서 명중되지 않아도 자기를 이긴 사람을 원망하지 않고, 자기 자신을 돌이켜 반성할 뿐이다."

≫ 일이 잘못되었을 때 남을 탓하지 말고, 자신에게서 잘못을 찾아야 한다.

• 인자仁者: 여기서는 인을 행하는 사람을 뜻함.
• 중中: 과녁에 명중하다.
• 반구제기反求諸己: 반성하여 잘못을 자신에게서 찾음.

호랑이는 이겨도 민심은 못 이겨

걸은 하나라 최후의 군주로서 위세가 당당하고 용맹하였다. 전해오는 말에 의하면, 그는 천여 근이나 되는 물소를 넘어뜨리고, 맨주먹으로 호랑이에 맞서 때려잡지 못한 적이 없는 용사였다고 한다. 그랬던 그가 천하에 자기를 대적할 자가 없다면서 종일 궁에 틀어박혀 술로 나날을 보내며 방탕해지자, 나라는 점점 부패하고 백성들은 고통에 시달리게 되었다.

걸은 후궁 말희를 특별히 총애하였는데, 그녀는 비단 찢는 소리 듣는 것을 가장 좋아하였다. 걸은 시종에게 국고에 있는 비단을 가져다가 찢게 해서 그 소리를 말희에게 들려주었다. 그리고 백성들의 피와 땀을 착취하여 화려한 궁궐을 세우고 향락을 일삼았다.

당시 백성들은 수확량의 절반 이상을 조세로 빼앗겼으므로 재해라도 만나면 굶어죽을 수밖에 없었다. 자연히 백성들은 걸을 증오하였고, 여러 제후들도 딴 마음을 품기 시작하면서 하나라는 내외적으로 점점 곤경에 처하게 되었다.

이때 동쪽에 있던 상 부족은 점점 흥성해지고 세력이 강대해지고 있었다. 상 부족의 족장이었던 탕湯은 선량하고 공정하며 사심이 없어 제후들 사이에 명망이 높았다. 그는 관리를 채용할 때 출신의 귀천을 따지지 않고 오직 재능에 따라 등용했다. 그의 집에는 이윤이라는 종이 있었는데, 그는 이윤의 됨됨이가 남다른 것을 알아보고 종의 신분을 벗긴 후 재상으로 임명하였다.

그 후 탕은 이윤의 보좌 아래 군대를 일으켜 하나라 걸을 토벌하였다. 걸의 학정에 원한을 품고 있던 백성들은 분분히 일어나 탕의 군대에 가세하였다. 민심을 크게 얻은 탕은 즉시 하의 도성을 공격하였다. 그러자 걸왕은 대세가 완전히 기울었음을 알고 황급히 금은보화를 챙겨서 말희와 함께 강을 건너 도주하였다. 그리하여 하 왕조는 와해되고, 탕은 상나라를 개국하여 왕이 되었다.

군주가 도를 잘 지키면 천하 사람이 따른다

孟子曰, 得道者多助, 失道者寡助.
맹 자 왈   득 도 자 다 조   실 도 자 과 조
寡助之至, 親戚畔之, 多助之至, 天下順之.
과 조 지 지   친 척 반 지   다 조 지 지   천 하 순 지
《맹자》, 공손추 상편

맹자께서 말씀하셨다.

"도를 얻은 자는 협력하는 자가 많고, 도를 잃은 자는 도와주는 사람이 적다. 협력자가 지극히 적은 경우에는 친척들도 그를 배반하게 되고, 협력자가 지극히 많아지면 온 천하 사람들이 그를 따르게 된다."

≫ 지도자가 도리를 잘 지키면 온 천하 사람들이 그를 따르게 된다.

• 여지至: 극히, 제일.
• 반지畔之: 배반하다.
• 순지順之: 따르다.

신의로 맺은 우정

동한시대에 장감張堪이라는 서생이 있었다. 그가 최고 학부인 태학에서 공부할 때 주휘朱暉라는 학우가 있었는데, 장감은 오랫동안 그를 지켜보면서 의협심 있는 군자라는 것을 알고 몹시 흠모하였다. 어느 날 두 사람이 태학에서 만나 잠깐 이야기를 나누게 되었는데, 헤어질 때 장감이 주휘에게 불쑥 이런 말을 했다.

"나는 몸이 약한데다가 병이 많아서 머지않아 세상을 떠날 것 같네. 내가 죽으면 자네가 우리 가족을 돌봐 주기 바라네."

주휘는 생각하기를 '장감은 나보다 일찍 조정에서 관리 일을 했고, 지위도 높은데 내가 어떻게 그런 중요한 부탁을 받아들일 수가 있겠는가?' 하고 다만 웃고 그와 헤어졌다. 그로부터 두 사람은 다시 만나지 못했다.

몇 년 후, 장감이 병으로 세상을 떠났다. 주휘가 보니 장감의 처자식이 몹시 곤란한 생활을 하고 있었다. 그는 온 힘을 다하여 그들을 친척보다 더 잘 돌보아 주었다. 주휘의 아들이 그런 아버지를 보고 이해가 안 되어 물었다.

"아버지께서는 장감과 한 번밖에 만나지 않은 사이라 그 집 가족을 돌봐 주지 않아도 도리에 어긋나지 않을 것인데, 왜 그 집에 대하여 그렇게까지 관심을 가지십니까?"

주휘가 대답했다.

"장감이 생전에 그의 가족을 나에게 부탁한 것은 나를 믿기 때문이었다. 당시 나는 대답은 하지 않았지만 마음속으로는 그의 부탁을 받아들였던 것이다. 사람이 그렇게 주고받은 말을 믿지 않을 수 있겠느냐?"

그 후, 남양 태수가 주휘의 인품을 흠모하여 그의 아들에게 벼슬자리를 추천해주려 했다. 그런데 주휘는 그 기회를 장감의 아들에게 양보해 주었다. 이 일이 알려지자 사람들은 그가 인정과 의리가 있는 군자라고 입을 모아 칭찬했다.

도리를 지키는 삶

孟子曰, 父子有親, 君臣有義,
맹 자 왈　　부 자 유 친　　군 신 유 의
夫婦有別, 長幼有序, 朋友有信.
부 부 유 별　　장 유 유 서　　붕 우 유 신

《맹자》, 등문공 상편

맹자께서 말씀하셨다.

"아버지와 아들 사이에는 친밀함이 있어야 하고, 임금과 신하 사이에는 의리가 있어야 한다. 부부 사이에는 구별이 있어야 하고, 어른과 아이 사이에는 차례가 있어야 하며, 친구 사이에는 믿음이 있어야 한다."

>> 사람의 관계에도 서로 지켜야 할 질서와 올바른 도리가 있어야 한다.

• 의義: 올바른 도리, 정의에 합당한 행동.
• 서序: 서열.

가치 있게 죽으니
어서 빨리!

청나라 말기 담사동은 어렸을 때부터 시서를 많이 읽어 총명함이 남달랐다. 그는 자라서, 나라가 빈약하고 민생이 불안하여 살 수 없게 되자 치국을 혁신할 것을 결심하였다. 그럴 즈음에 양계초라는 인물을 만났는데, 그 역시 자기처럼 큰 포부를 가슴에 품고 있었다. 두 사람은 이제야 만난 것을 안타까워하면서 금세 가까운 친구가 되었다.

머지않아 두 사람은 광서 황제의 부름을 받았다. 광서 황제도 일본의 메이지 유신을 참고해 변법으로 강국을 만들고자 했기에 그들 둘을 곁에 두고 자기가 기초한 유신변법 조서를 도와줄 것을 부탁하였다. 그런데 그들의 행동은 보수파들을 당황하게 했다. 보수파들은 서태후에게 저들이 도모하는 새로운 정치를 저지시켜 줄 것을 상소하였다.

결국 서태후는 병란을 일으켜 개혁파에서 추진하는 신정新政을 취소하고 광서 황제를 끌어내렸다. 이 소식을 들은 담사동은 밤을 타서 병권을 쥐고 있던 원세개를 찾아가 황제를 보호해 줄 것과 신정을 옹호해 줄 것을 요구했다.

그런데 겉과 속이 달랐던 원세개는 황제와 서태후 사이에 양다리를 걸치고 있다가 이런 정황을 즉시 서태후에게 알렸다. 서태후는 먼저 손을 써서 광서 황제를 연금하고 담사동과 양계초 등을 체포하라는 명령을 내렸다. 이런 소식이 전해지자 대부분의 사람들은 일본으로 피난을 갔다. 그러나 담사동은 의연히 남아서 계속 싸울 것을 천명했다. 그는 얼마 못 가 체포되어 사형장으로 끌려가면서 이렇게 소리 높여 외쳤다.

"마음이 있으면 도적을 죽이고 힘이 없으면 하늘로 돌아가리. 가치 있게 죽으니 어서 빨리!"

지사와 용사

孟子曰, 志士不忘在溝壑,
맹 자 왈　　　지 사 불 망 재 구 학
勇士不忘喪其元.
용 사 불 망 상 기 원

《맹자》, 등문공 하편

맹자께서 말씀하셨다.

"뜻있는 선비는 그 몸이 죽어 도랑이나 골짜기에 버려질 것을 잊지 않고, 용감한 선비는 그의 목이 잘릴 것을 잊지 않는다."

》》 대의를 위해서라면 죽음도 두려워하지 않는다.

• 구溝: 도랑, 여기서는 골짜기를 뜻함.
• 학壑: 골, 골짜기.
• 원元: 우두머리. 여기서는 머리를 뜻함.

웅대한 뜻을
품어라

　후한시대에 살았던 조온은 경조승(수도의 소속 관리)이라는 벼슬을 지냈다. 당시 조정의 기강이 매우 어지럽자 "대장부가 마땅히 웅비하여야지, 어찌 가만히 엎드려 있을 수 있겠는가?"라고 탄식하며 벼슬에서 물러났다.

　그는 고향에 머무르는 동안 큰 흉년이 들어 기근으로 고생하는 사람들을 보고, 집안의 곡식을 나누어 주어서 굶주린 사람 만여 명을 살려냈다.

　조온은 헌제 때 시중이 되었고, 강남정후에 봉해졌다. 그리고 이각과 곽사가 헌제獻帝를 위협하여 조정을 장악하자, 조온은 이각의 전횡을 나무랐다. 이에 이각이 분노하여 조온을 죽이려 하였으나 사람들이 만류하여 그만두었다. 대장부의 기상을 가진 조온과 관련하여 '웅비자복雄飛雌伏'이라는 고사성어가 전해진다. 대장부처럼 큰 뜻을 품은 사나이라면 웅비하는 새처럼 씩씩하게 뻗어 나가고 뜻을 굽혀 복종하지 않음을 비유하는 말이다.

대장부란

孟子曰, 富貴不能淫, 貧賤不能移,
맹 자 왈　 부 귀 불 능 음　 빈 천 불 능 이

威武不能屈, 此之謂大丈夫.
위 무 불 능 굴　　차 지 위 대 장 부

《맹자》, 등문공 하편

맹자께서 말씀하셨다.

"부귀로도 방탕하게 하지 못하고, 빈천으로도 변절하게 하지 못하며, 권세와 무력으로도 굴복시키지 못하게 되어야 대장부라고 할 수 있다."

≫ 대장부는 부귀와 빈천, 권세와 무력 앞에서 흔들리지 말아야 한다.

• 음淫: 음란하다, 방탕하다.
• 이移: 절개를 지키지 못함.
• 위무威武: 권세와 무력

사슴이 아니고
말이라고?

    진나라 이세二世 황제 때 승상의 자리에 있던 조고는 야심이 많은 사람이었다. 그는 어떻게 해서든 조정의 대권을 혼자 틀어쥐어야겠다는 욕심을 가지고 있었다. 그런데 생각은 그렇게 해도 조정에 자기를 지지하는 대신이 얼마나 되는지를 모르니 선뜻 나설 수가 없었다. 궁리 끝에 그는 좋은 방법을 하나 생각해냈다.

    어느 날, 조회 시간에 조고는 사람을 시켜 사슴 한 마리를 끌어오라고 하고는 히죽히죽 웃으며 황제에게 말했다.

    "폐하, 이것은 제가 방금 얻어온 천리마입니다. 특별히 폐하께 진헌하고자 합니다."

    황제가 보니 그것은 분명히 사슴이었다. 그래서 조고에게 말했다.

    "승상이 틀렸소. 그것은 사슴이 아니오?"

    조고는 태연자약하게 대답했다.

    "폐하, 다시 한번 잘 보십시오. 이것은 확실히 한 필의 말입니다. 보십시오. 얼마나 위풍당당하고 아름답습니까?"

    "아, 그렇다면 어찌하여 머리에 뿔이 났는가?"

    "폐하, 폐하께서 잘 모르시는 것이 있습니다."

    조고는 때가 되었음을 알고 즉시 눈을 굴리면서 말했다.

    "이것은 신이 폐하께 충심을 다하고자 매우 먼 지방에서 구한 것이니 여러 대신들에게 한번 물어보십시오."

대신들은 조고의 의도를 정확히는 알 수 없었지만, 그의 사악한 눈길을 보는 순간, 그의 모략임을 명백히 알게 되었다. 일시에 조정의 대신들은 파가 셋으로 나누어졌다. 담이 작아서 화가 자기에게 미칠까 두려운 마음에 참고 말하지 않는 대신들, 정직하여 자신의 뜻을 굽히지 않고 사슴이라고 말하는 대신들, 처음부터 조고에게 부화뇌동하여 당연히 말이라고 말하는 부정한 무리들….

이 사람은 사슴, 저 사람은 말이라고 우기는 통에 이세는 자기도 모르는 사이에 바보가 되었다. 이 일이 있은 후, 조고는 자기를 따르지 않는 대신들을 죄인으로 만들었고, 이로부터 조정은 조고 한 사람의 천하가 되었다.

눈은 마음의 창이다

孟子曰, 存乎人者, 莫良於眸子.
　맹 자 왈　　존 호 인 자　　막 량 어 모 자
眸子不能掩其惡. 胸中正則眸子瞭焉,
　모 자 불 능 엄 기 악　　흉 중 정 즉 모 자 료 언
胸中不正則眸子眊焉. 聽其言也,
　흉 중 부 정 즉 모 자 모 언　　청 기 언 야
觀其眸子, 人焉廋哉?
　관 기 모 자　　인 언 수 재

《맹자》, 이루 상편

맹자께서 말씀하셨다.

"사람의 마음을 살펴보는 데는 눈동자보다 더 좋은 것이 없다. 눈동자는 능히 자기의 악을 숨기지 못한다. 마음이 올바르면 그 눈동자가 맑고, 마음이 올

바르지 않으면 그의 눈동자가 흐려지게 된다. 그 말을 듣고 그 눈동자를 보니 사람이 어찌 그 마음을 숨길 수 있겠는가?"

➤➤ 겉으로 꾸미려고 해도 진심은 숨길 수 없다.

- 존호인자存乎人者: 사람을 살펴 알다.
- 량良: 착하다.
- 모자眸子: 사람의 눈동자. 눈.
- 엄掩: 가리다, 엄폐하다.
- 료瞭: 명료하다, 알고 있다.
- 모眊: 눈이 잘 보이지 않다, 눈이 흐리다.
- 수廋: 마르다. 여기서는 '숨기다'의 뜻으로 쓰임.
- 재哉: 흔히 감탄, 의문의 뜻을 나타내는 어조사로 쓰인다.

쓴맛을 봐야 단맛을 안다

중국 역사에서 차의 성인으로 불리는 육우는 어릴 때 절에서 선사의 제자로 자랐다. 십여 년이 지난 후, 그는 그곳에서 나가 공부를 하려고 했지만 선사가 허락을 하지 않았다. 선사에 있는 다른 제자들은 모두 열심히 경을 읽고 있었는데, 육우는 경 읽을 생각은 추호도 없이 종일 맥없이 머리를 툭 떨구고 있었다. 선사는 그런 육우에게 경문 한 구절을 읽게 했다. 육우가 더듬더듬 읽자, 동문 선배들이 웃음을 터뜨렸다. 성이 난 선사는 그에게 나가서 소를 먹이라고 책망했다.

며칠이 지난 후, 육우는 다시 선사를 찾아가서 절에서 나가겠다고 했다. 선사는 그의 결심이 굳은 것을 알고 이렇게 말했다.

"그럼 나에게 차 한 주전자를 끓여다오."

육우는 너무 기뻐서 바로 차 한 주전자를 끓여서 바쳤다. 선사는 끓여 온 차를 보더니 한숨을 지으면서 말했다.

"육우야, 네가 경문도 잘 읽지 못하고 차도 제대로 못 끓이는 터에 어떻게 공부를 잘 할 수 있겠느냐? 먼저 네가 차를 잘 끓인 다음에 다시 산에서 내려갈 일을 얘기해 보자."

그리하여 육우는 매일 소를 먹이면서 찻잎을 어떻게 하면 잘 끓일 수 있겠는가를 곰곰이 생각하였다.

하루는 소가 어느 할머니의 차 밭으로 들어갔다. 육우는 즉시 할머니를 찾아가 사과를 했다. 그런데 할머니는 몹시 상냥한 분이어서 책망도 하지 않고 오히려 차 한 잔을 마시라고 권하였다. 육우는 차를 한 모금 마셔보고 깜짝 놀라서 말했다.

"할머니, 이 차는 참 부드럽고 향기롭네요. 왜 그런지 저는 차를 끓여도 찻잎이 불어나질 않아요."

육우가 차를 꿀꺽꿀꺽 급히 마시자, 할머니는 그렇게 마시지 말고 천천히 조금씩 마시라고 했다. 이런 일이 있은 후 육우는 항상 할머니한테 가서 차 끓이는 법을 처음부터 차근차근 배웠다.

육우의 공은 헛되지 않았다. 얼마 후, 육우가 끓인 차를 마셔본 선사는 그제야 미소를 띠었다. 육우가 절에서 나갈 때 선사는 의미심장하게 말했다.

"공부도 이 차를 끓이는 것과 같다. 반드시 수고하여 먼저 쓴맛을 본 후라야 단맛을 보게 된다."

그 후 육우는 저명한 문인이 되어 차에 관한 저서인 《다경茶經》을 써냄으로써 세상 사람들로부터 '다성茶聖'이라는 호칭을 얻게 되었다.

하는 일과 하지 않는 일

孟子曰, 有不爲也,
맹 자 왈　유 불 위 야
而後可以有爲.
이 후 가 이 유 위

《맹자》, 이루 하편

맹자께서 말씀하셨다.

"사람은 하지 않는 일이 있는 후에야 하는 일이 있을 수 있다."

≫ 사람은 하는 일과 하지 않는 일을 분별할 줄 아는 도덕적 기준이 있어야 한다.

• 이而: 접속사.
• 유위有爲: 장래성이 있다. 유망하다. 여기서는 '하는 일이 있다'의 뜻으로 쓰임.

얼굴이
붉으락푸르락

청나라 시대의 학자였던 기효람이 산서성에 있는 오대산으로 유람을 갔다. 산에 오르다가 문득 목이 말라서 한 절을 찾아들어가니, 마침 바닥을 쓸고 있던 어린 중이 합장하고 물었다.

"시주님께서 무슨 일로 여기에 오셨는지요?"

"별일은 없고 목이 마른데, 어린 사부께 차 한 잔 부탁드려도 되겠는지요?"

어린 중이 겸손하게 기효람을 안으로 들게 하고 주지 스님을 불렀다. 주지는 나오면서 기효람을 아래위로 훑어보고 일반 손님으로 알고 즉시 앉으라고 말했다. 그러고는 어린 중을 시켜 차를 가져오게 했다. 주지가 기효람에게 물었다.

"시주님, 보건대 이곳에 사시는 분 같지 않은데, 어디서 오셨습니까?"

"주지께서는 혜안을 가지셨습니다. 학생은 경성에서 왔습니다."

기효람의 말을 듣고 주지는 벌떡 일어서서 그에게 안쪽으로 앉기를 청하고, 어린 중을 시켜 차를 달여 오라고 재촉했다.

"시주님의 기질과 차림새를 보니 경성에서 오신 분이 맞는 것 같은데, 대접이 부당한 데가 있으면 용서하십시오."

이야기를 나누는 동안 주지는 기효람이 유명한 재자才子임을 알고 '앉으십시오'라고 권하더니 어린 중을 불러 좋은 차를 끓여 오라고 했다. 주지는 곧 종이, 붓, 먹을 가져오더니 웃으면서 '이 못난 중에게 귀한 글자 한 폭만 써 주십시오'라고 요청했다.

"주지님께서 말씀이 과하십니다. 못 써 드릴 게 뭐가 있겠습니까?"

그러고 나서 기효람은 붓을 들어 종이에 큼직하게 글씨를 써 내려갔다.

차 가져와라茶, 차 달여 와라泡茶, 좋은 차로 달여 와라泡好茶.
앉으시오坐, 앉으시기를 청합니다請坐, 상좌에 앉으시기를 청합니다請上坐.

글씨를 다 쓰자 기효람을 그것을 주지에게 주고 서둘러 절 문을 나섰다. 주지는 그 글을 보자마자 얼굴이 붉으락푸르락해졌다.

군자는 인과 예를 본심에 지닌다

孟子曰, 君子以仁存心, 以禮存心.
맹 자 왈   군 자 이 인 존 심   이 례 존 심
仁者愛人, 有禮者敬人.
인 자 애 인   유 례 자 경 인
愛人者人恒愛之, 敬人者人恒敬之.
애 인 자 인 항 애 지   경 인 자 인 항 경 지

《맹자》, 이루 하편

맹자께서 말씀하셨다.

"군자는 인과 예를 본심에 지닌다. 인을 지닌 사람은 남을 사랑하고, 예를 갖춘 사람은 남을 공경한다. 남을 사랑하는 사람은 남들 역시 그를 사랑해 주고,

남을 공경하는 사람은 남들 역시 그를 공경해 준다."

≫ <u>군자의 도는 인仁과 예禮로 남을 사랑하고 존경하는 것이다.</u>

- 人: 여기서는 군자를 제외한 일반 사람.
- 恒: 늘, 언제나, 꾸준히.
- 인자人者: 인人은 다른 사람.

전쟁의 소용돌이에서 병든 친구를 지키다

　동한시대에 순거백이라는 사람이 있었는데, 그에게는 아주 가까운 친구가 한 명 있었다. 그들 둘의 우정은 아주 각별했는데, 어느 날 그 친구가 앓아눕게 되자 순거백은 급히 짐을 챙겨 그를 만나러 떠났다. 친구 집이 멀리 떨어져 있었기 때문에 여러 날을 걸어서 도착할 수 있었다. 때마침 흉노들이 성을 공격하고 있었지만, 그는 온갖 수단을 강구하여 무사히 성 안으로 들어갔다.

　친구는 순거백을 만나 매우 기뻤지만 동시에 마음이 괴로웠다.

　"이보게, 만나서 기쁘기는 한데, 여기는 이미 흉노들에게 포위되었으니 나를 내버려두고 어서 떠나게!"

　그러나 순거백은 친구에게 약을 달여 주면서 떠날 생각을 하지 않았다.

　"이 위급한 지경에 자네를 두고 떠나라니 말도 안 되네. 나는 절대 갈 수 없으니 자네는 다른 생각하지 말고 얼른 건강이나 회복하게."

　친구는 감동하여 눈물을 흘렸다. 이때 흉노군이 집안으로 쳐들어왔다가 순거백을 보고 깜짝 놀라 물었다.

　"우리 대군이 이미 성을 점령하여 성 안 주민들이 모두 도망쳤는데, 너는 누구이기에 감히 여기에 남아 있는가?"

순거백은 침착하게 말했다.

"내 친구가 지금 중병에 걸려 누워 있기 때문에 차마 그를 두고 떠날 수가 없었소. 죽이려면 나를 죽이고 친구의 목숨만은 살려 주시오."

흉노군은 그 말을 듣고 감동하여 말했다.

"우리는 참으로 도의가 없는 사람들이구나. 이렇게 도의 있는 나라를 침공한 우리가 참으로 부끄럽구나!"

말을 마친 흉노군은 밖으로 물러나갔다. 그렇게 하여 순거백과 친구는 생명을 보존하였다.

목숨을 버려서라도 의를 취하리라

孟子曰, 魚我所欲也, 熊掌亦我所欲也,
맹 자 왈   어 아 소 욕 야   웅 장 역 아 소 욕 야
二者不可得兼, 舍魚而取熊掌者也.
이 자 불 가 득 겸   사 어 이 취 웅 장 자 야
生亦我所欲也, 義亦我所欲也,
생 역 아 소 욕 야   의 역 아 소 욕 야
二者不可得兼, 舍生而取義者也.
이 자 불 가 득 겸   사 생 이 취 의 자 야

《맹자》, 고자 상편

맹자께서 말씀하셨다.

"생선도 내가 먹고 싶어 하는 것이고 곰발바닥 요리도 내가 먹고 싶어 하는 것인데, 두 가지 요리를 모두 먹을 수 없다면 생선을 포기하고 곰발바닥 요리를 먹겠다. 죽지 않고 사는 것도 내가 바라는 것이고 의로운 삶을 지향하는 것도 내가 바라는 것인데, 둘을 모두 이룰 수 없다면 목숨을 버리고 의를 취하는

것을 선택하겠다."

>> 욕망은 인간의 본능이다. 그러나 그 욕망을 넘어서서 반드시 의를 지켜야

한다.

• 웅장熊掌: 곰의 발바닥(진미의 한 가지).
• 사舍: 버리다, 포기하다.
• 겸兼: 두 배의, 겸하다, 동시에 하다.

하늘의 시험

춘추시대 오나라 왕 부차는 월나라와의 전쟁을 승리로 이끌고 그 나라의 왕 구천을 포로로 사로잡았다. 오나라 왕 부차는 구천에게 무덤을 지키고 말을 먹이게 하는 등 노예들이나 하는 일을 시켰다. 구천은 속으로는 굴복하지 않았지만, 겉으로는 복종하고 충성을 다하는 모습을 보였다.

오나라 왕이 출장한다고 하면 급히 뛰어가서 말을 끌어오고, 오나라 왕이 병이 나서 앓으면 맨 먼저 가서 온갖 시중을 다 들었다. 부차는 구천이 있는 힘을 다해 자기를 보살펴 주는 것을 보고 그가 진심으로 자기에게 충성하는 것으로 알고 그에게 말했다.

"지난 몇 년 동안 나를 잘 돌봐준 보답으로 당신을 본국으로 돌려보내 주겠다. 그러니 나의 호의를 저버리지 말라."

부차의 말을 듣고 구천은 급히 땅바닥에 무릎을 꿇었다. 그러고는 작별이 아쉬워서 차마 떠날 수 없다는 표정을 지으며 계속 남아서 왕을 보살피겠다고 했다. 그 말에 부차는 몹시 감동하였고, 머지않아 구천은 월나라로 돌아갔다.

고국으로 돌아간 구천은 자신이 오나라에서 받은 치욕을 하루빨리 씻어 내리라 결심했다. 그는 뼈에 사무치는 원한을 잊지 않기 위해 매일 가시 더미 위에서 잠을 자고, 방 한가운데에 쓸개를 달아매 놓고 밥 먹을 때나 자기 전에 잊지 않고 한 번씩 꼭 맛을 보곤 했다.

구천은 월나라를 부강하게 만들기 위해 지혜로운 인재를 등용하고 주위 사람들의 의견을 허심탄회하게 청취하였다. 10여 년 동안 힘써 노력한 끝에 월나라는 점점 강성해지기 시작했다. 구천은 드디어 복수할 기회가 왔음을 알고, 친히 대군을 이끌고 오나라로 쳐들어갔다. 그가 오나라 군대를 괴멸시키자 오나라 왕 부차는 부끄러움에 못 이겨 검을 빼어 자결하였다.

순 임금은 밭에서 기용되다

孟子曰, 舜發於畎畝之中,
맹 자 왈   순 발 어 견 묘 지 중

傅説擧於版築之間, 膠鬲擧於魚鹽之中,
부 열 거 어 판 축 지 간   교 격 거 어 어 염 지 중

管夷吳擧於士, 孫叔敖擧於海,
관 이 오 거 어 사   손 숙 오 거 어 해

百里奚擧於市.
백 리 해 거 어 시

故天將降大任於是人也,
고 천 장 강 대 임 어 시 인 야

必先苦其心志, 勞其筋骨, 餓其體膚,
필 선 고 기 심 지   노 기 근 골   아 기 체 부

空乏其身, 行拂亂其所爲,
공 핍 기 신   행 불 란 기 소 위

所以動心忍性, 增益其所不能.
소 이 동 심 인 성   증 익 기 소 불 능

《맹자》, 고자 하편

맹자께서 말씀하셨다.

"순 임금은 밭고랑에서 기용되었고, 부열은 성벽 쌓는 일터에서 기용되었으

며, 교격은 생선과 소금을 팔다가 기용되었다. 관이오는 옥리에게 붙잡혀 있다가 기용되었고 손숙오는 바닷가에서 기용되었으며 백리해는 시장판에서 기용되었다. 그러므로 하늘에서 그런 사람들에게 큰일을 맡기는 명을 내리려면 반드시 먼저 그들의 심지를 괴롭히고 그들의 근골을 수고롭게 하고 육체를 굶주리게 하고 그들의 생활을 궁핍하게 해서 하는 일마다 그들이 꼭 해야 할 일과 어긋나게 만든다. 이것은 그들의 마음을 움직이고 그 성질을 참게 하여 자기가 해내지 못하던 일을 더욱 많이 할 수 있게 해주기 위함이다."

》》 성현들은 거의 다 과거에 불우하고 미천한 환경을 겪은 인물들이다. 정신적, 육체적 고난은 곧 새로운 세상을 개척하는 활력이 된다.

- 발發: 분발하여 몸을 세우다, 일에 기용되다.
- 견묘畎畝: 밭의 고랑과 이랑.
- 부열傳說: 은나라 사람으로 기용된 현신.
- 판축版築: 여기에서는 공사판을 뜻함.
- 관이오管夷吾: 관중을 말함.
- 사士: 감옥의 관리, 옥리.
- 불拂: 배반하여 어긋남.
- 동심動心: 마음을 움직여 분발함.
- 성性: 사람의 본능적인 것.
- 증曾: 증가하다.

야랑이 세상에서 제일 커

진한시대에 중국 서남부에는 매우 많은 부락들이 있었는데, 이런 부락들은 거의 다 작고 대부분 깊은 산 속에 흩어져 있었다. 그중 야랑夜郎이라는 부락이 비교적 컸다. 야랑 부락의 족장은 다동이라 불렸는데, 그는 자기 부락이 천하에서 제일 큰 나라라고 여겼다.

하루는 다동이 말을 타고 수행인 몇 명을 데리고 순회를 하다가 많은 사람들이 평지에 모여 있는 것을 보게 되었다. 다동은 채찍을 들어 앞을 가리키며 말했다.

"너희들, 보거라. 이 일망무제한 변강 땅이 모두 나의 것이다. 어느 나라가 나의 나라와 비교할 수 있겠는가?"

다동은 또 높은 산 앞에 이르러 우뚝 치솟은 산을 바라보며 말했다.

"천하에서 이 산보다 더 높은 산을 찾을 수 있겠는가?"

강변에 이르자, 다동은 말에서 내려 도도히 흐르는 강물을 바라보며 말했다.

"너희들 보거라. 이 강은 넓고 기니 세상에서 가장 큰 강이다!"

수행한 사람들이 이구동성으로 말했다.

"그렇고말고요. 우리 야랑은 천하에서 제일 큰 나라인 걸요!"

순회를 마친 후, 야랑 부락의 사람들은 더욱더 우쭐거렸다.

얼마가 지난 후, 무제가 인도로 사절을 파견하게 되었는데 이들이 야랑을 통과하게 되었다. 야랑의 족장인 다동은 중원에 가본 적이 없고, 어떻게 생겼는지도 몰랐다. 그래서 한나라 사절을 부락으로 청하여 물었다.

"한나라와 야랑을 비교하면 어느 쪽이 큰가요?"

한나라 사절은 다동의 말을 듣고 웃으며 말했다.

"한나라와 야랑은 절대 비교가 안 되지요. 한나라는 주州와 군郡만 해도 수십 개가 되는데, 야랑은 전체 땅덩어리가 한나라의 주 한 개보다도 작습니다. 그러니 과연 어느 것이 크겠습니까?"

다동은 한나라 사절의 말을 듣고 너무 부끄러워서 몸 둘 바를 몰라 했다.

태산에 오르니 천하가 작다

孟子曰, 孔子登東山而小魯,
맹 자 왈   공 자 등 동 산 이 소 로
登太山而小天下.
등 태 산 이 소 천 하
故觀於海者難爲水,
고 관 어 해 자 난 위 수
遊於聖人之門者難爲言.
유 우 성 인 지 문 자 난 위 언

《맹자》, 진심 상편

맹자께서 말씀하셨다.

"공자께서 노나라의 동산에 오르셔서 노나라를 작다고 여기셨고, 태산에 오르시고는 천하를 작다고 여기셨다. 그러므로 바다를 본 사람에게는 웬만한 하천은 큰물이라고 논할 만한 것이 되기 어렵고, 성인의 문하에서 공부한 사람에게는 다른 여러 말들은 훌륭한 말로 인정받기 어려운 것이다."

>> 성인의 학문 세계를 경험한 사람과 경험하지 못한 사람의 배움의 세계는 그 깊이와 넓이에서 뚜렷한 차이가 있다.

• 동산東山: 노나라의 동쪽에 있는 몽산을 가리킨다.
• 태산太山: 몽산 북쪽에 위치한 오악의 하나. 태산泰山을 말함.

그깟 금덩이가 뭐라고

무더운 여름, 계찰이 더위를 피해 다산으로 피서를 가기로 했다. 그가 초목이 무성한 둔덕길에 올라서니 서늘한 바람이 불어오면서 온 몸이 상쾌해졌다.

그가 걸음을 멈추고 시원한 바람을 쐬고 있는데, 그리 멀지 않은 곳에서 햇빛에 눈부시게 빛나고 있는 것이 보였다. 가까이 가보니 금덩어리가 하나 있었다. 그것을 보는 순간 계찰은 이것을 주워 가질까 말까 갈등이 생겼다. 그때 다 헤진 옷을 입고 허름한 모자를 쓴 노인이 나무를 한 짐 지고 걸어오고 있었다.

계찰이 '이 노인이 금덩이를 보고 집어가려나' 생각하고 있는데, 노인은 그 금덩어리 곁을 지나가면서도 본체만체하는 것이었다. 계찰은 서둘러 노인에게 알려 주었다.

"어르신, 어르신! 옆에 금덩어리가 있습니다."

노인이 눈길도 주지 않자, 계찰이 노인에게 공손히 말을 걸었다.

"어르신, 여기 금덩어리가 있으니 집어 가십시오. 저는 안 가져갈 테니까요."

계찰의 말에 노인은 버럭 성을 내며 말했다.

"옷차림이 그럴듯한 것이 군자 같은데, 어찌 말이 그렇게도 경솔한가. 자네 생각에 다 떨어진 옷을 입은 궁색한 늙은이라고 돈만

보면 눈이 번쩍 뜨일 것 같은가?"

계찰은 재빨리 사죄를 했다.

"어르신, 솔직히 저는 어르신을 대수롭지 않게 보았습니다. 용서해 주십시오. 혹시 어르신 존함을 여쭤 봐도 되겠습니까?"

노인은 횡하니 가면서 말했다.

"필요 없네. 눈에 보이는 대로 피구공(披裘公: 찢어진 가죽옷을 입은 어르신)이라고 부르면 되겠구만."

계찰은 멀리 사라지는 노인의 뒷모습을 바라보면서 문득 부끄러움을 느꼈다.

곤궁할 때 홀로 수양한다

孟子曰, 窮則獨善其身, 達則兼濟天下.
맹 자 왈   궁 즉 독 선 기 신   달 즉 겸 제 천 하

《맹자》, 진심 상편

맹자께서 말씀하셨다.

"궁할 때는 자기 자신을 돌보는 것이 최선이고, 영달했을 때 비로소 천하를 구제한다."

>> 어려운 상황에서 자신을 잘 세우고 준비하여 앞날을 도모한다.

• 달達: 여기서는 '벼슬하여 영달하다'의 뜻으로 쓰임.
• 제濟: 구제하다, 돕다.

끝까지
함께 가자

촉나라 황제 유비는 제갈량의 도움으로 신야 전투에서 적은 군사로 조조 군대를 대패시켰다. 화가 난 조조는 참지 못하고 친히 대군을 이끌고 쳐들어왔다. 조조 측은 본래 병마가 강대했지만, 유비는 군대가 약하고 병사들이 적어 조조의 대군을 물리친다는 것이 불가능하였다. 제갈량은 생각 끝에 유비에게 말했다.

"폐하, 지금의 정황에서는 우리 군대가 조조 군대의 공격을 막을 수가 없습니다. 번성을 포기할 수밖에 없습니다."

유비는 제갈량이 후퇴하자고 하니, 어쩔 수 없이 번성을 떠나 한수를 건너 상양으로 가야만 했다.

그런데 유비는 백성을 자식처럼 아끼기에 번성의 백성들을 버리고 자기만 떠날 수가 없었다. 그는 사람을 시켜 성안에 방문榜文을 내다 붙이게 했다. 조조 군대가 곧 성을 공격해 올 터인데 우리 힘으로는 방어를 할 수 없으니 만약 백성 중에 번성에 남아 있기를 원치 않는 사람이 있다면 함께 떠나자는 내용이었다.

백성들은 방문을 읽고 죽는 한이 있더라도 유비를 따라 가겠다고 결심을 했다. 이에 유비는 관우를 시켜 강변에 배들을 준비하여 백성들이 강을 건널 수 있게 하라고 명령했다. 어떤 사람은 노인을 부축하고, 어떤 아낙은 어린 아이를 이끌고, 어떤 이는 짐수

레를 끌고 가면서 힘겹게 강변으로 몰려들었다. 이런 정경을 본 유비는 눈물을 흘리면서 말했다.

"나 한 사람 때문에 많은 사람들이 고통을 겪으니 내가 무슨 면목으로 세상을 살아간단 말인가!"

말을 마치고 강에 투신하려는 그를 좌우 사람들이 급히 끌어안아 좋은 말로 위로하였다. 유비는 강의 남쪽 기슭에 도착하자, 머리를 돌려 아직 강을 건너오지 못한 사람들에게 손을 흔들면서 어서 건너오라고 소리쳤다. 강 건너편 백성들이 다 건너온 후에야 비로소 유비는 말을 타고 떠나갔다. 이 일로 백성들의 마음속에는 유비에 대한 존경심이 더욱더 깊이 새겨졌다.

국가의 근본은 백성이다

孟子曰, 民爲貴, 社稷次之, 君爲輕.
맹 자 왈   민 위 기   사 직 차 지   군 위 경

《맹자》, 진심 하편

맹자께서 말씀하셨다.

"국가에서는 백성이 가장 귀중하고, 사직신은 그 다음으로 귀중하며, 임금은 그것보다도 가벼운 존재이다."

≫ 국가의 근본은 백성이다. 따라서 임금의 자리는 백성의 신임을 얻어야만 가능하다.

• 사직社稷: 사社는 여기서는 토지의 신을 뜻하고, 직稷은 여기서 오곡의 신을 의미함. 사직은 나라를 세울 때 제단을 세워 제사를 지냈는데, 그 후로는 국가라는 뜻으로 쓰이기도 하였다.

군자는 자기가 먼저 한 뒤에야 남에게 하도록 요구할 수 있고,
자기가 먼저 하지 않는 다음에야 남에게 하지 않도록 요구할 수 있다.
자기 몸에 너그러움이 없이 남을 깨우치는 사람은 아직 없다.
그러므로 나라를 다스리는 것이 자기 집안을 바로잡음에 있다.

- 《대학》 -

3부

대학

《대학》은 유가의 심경(心經)으로서 정치 철학을 완성하는 경전으로 자신의 내면을 닦고 나아가 사회를 바로잡는 방법을 말하고 있다.

법도를 세워 나라를 밝히다

북송시대의 유명한 정치가이자 문학가였던 왕안석은 22세에 진사에 합격하여 다년간 지방 관리를 역임하면서 백성들을 위해 유익한 일들을 많이 했다.

그는 지방에서 민초들이 어떻게 살고 있는지 실생활을 접하면서 백성들에게 필요한 정치를 고민할 수 있었다.

그 후, 송 왕조가 위기에 놓이지 송나라 신종은 왕안석을 경성으로 불러들여 그에게 물었다.

"국가를 잘 다스리려면 어디서부터 먼저 손을 대야 하오?"

왕안석은 서슴없이 대답했다.

"풍속을 바꾸고 법도를 세우는 것이 급선무입니다."

신종은 왕안석의 말이 이치에 맞음을 깨닫고, 그를 즉시 참지정사(參知政事: 부재상)로 임명하고 법률을 개정하는 일을 주관하게 했다. 왕안석은 그동안 품고 있었던 정치적 이상을 펼쳐 농민들과 중소상인들을 지원하는 법률을 만들었다.

이로부터 왕안석이 개정한 법률을 실행한 후로는 사회적으로 좋은 효과를 거두었다. 나라의 여러 산업에서 점차적으로 생산량이 늘어났으며, 조정의 수입도 증가하여 당시 백성들에게 많은 이익을 가져다주었다.

큰 배움의 길

大學之道, 在明明德, 在親民,
대 학 지 도   재 명 명 덕   재 친 민

在止於至善.
재 지 어 지 선

큰 배움의 길은 밝은 덕을 밝히는 데 있고, 백성을 새롭게 하는 데 있으며, 지극히 선한 데 머무르게 하는 데 있다.

>> 대학의 도는 덕을 밝히고, 백성을 새롭게 하며, 지극한 선에 머무르는 것이다.

- 대학大學: 중국 고대로부터 최고학부인 태학太學, 大學에서 다룬 학문으로서 소학小學에 상대되는 고등학문을 가리킴. 고대 사람들은 8세에는 '소학'에 입학하고, 15세에는 '대학'에 입학하였다.
- 도道: 근본이 된다는 뜻. 원칙.
- 명明: 떨쳐 일으키다, 확대 발전하다.
- 명덕明德: 광명정대한 품덕, 미덕.
- 친親: 대학에서는 '새롭다'의 뜻으로 쓰임.
- 지어止於: 머무르다.
- 지선至善: 모자람도 지나침도 없는 최선의 실천.

원대한 뜻을 세우고

동한의 장군이었던 반초는 학식이 넓고 재주가 많았다. 그는 어렸을 때부터 원대한 뜻을 세워 그 뜻을 펼칠 마음을 갖고 있었다.

그는 서기 62년에 선생으로 초빙된 형 반고를 따라 어머니와 함께 낙양으로 가게 되었다. 가정 형편이 곤궁하여 반초는 관부의 초서(抄書: 책을 베끼는 일) 일로 근근이 연명하였다.

어느 날, 그는 책을 베끼다가 갑자기 붓을 놓으면서 들뜬 목소리로 말했다.

"내가 사내 대장부로서 반드시 장건(張騫: 중국 한나라 때 여행가이자 외교관)을 본받아 넓은 곳에 가서 큰 공을 세워야지 이렇게 매일 붓이나 들고 앉아서 밤낮 남의 글이나 베껴주며 살아야 하겠는가?"

옆에서 그 말을 듣고 있던 사람들은 모두 다 반초가 주제넘게 높은 데만 올려다본다고 비웃었다. 그러자 그가 말했다.

"당신들이 어찌 장사의 뜻을 알겠는가?"

그 후 반초는 흉노를 물리치는 원정군이 되어 큰 공을 세웠다. 30여 년 동안 서역 지역에 주둔하면서 그 지역을 동한의 영향력 아래 두면서 위세를 떨친 반초는 유명한 군사가이자, 외교가로 역사에 이름을 남겼다.

먼저 머무를 곳을 알아야 한다

知止而後有定, 定而後能靜, 靜而後能安,
지 지 이 후 유 정　　정 이 후 능 정　　정 이 후 능 안

安而後能慮, 慮而後能得.
안 이 후 능 려　　려 이 후 능 득

物有本末, 事有終始, 知所先後,
물 유 본 말　　사 유 종 시　　지 소 선 후

則近道矣.
즉 근 도 의

머무를 곳을 안 뒤에 (방향이) 정해지고, (방향이) 정해진 뒤에 (마음이) 고요할 수 있으며, (마음이) 고요해진 뒤에 편안할 수 있고, 편안한 뒤에 생각이 정밀해지며, 생각이 정밀해진 뒤에 (머무름을) 얻을 수 있다. 사물에는 근본적인 것과 말단적인 것이 있고, 일에는 마침과 시작이 있어서 먼저 할 것과 나중에 할 것을 알면 도에 가까울 것이다.

>> 도달해야 할 경계를 알아야 마음이 안정되고 사려가 면밀해야 수확이 있다. 또한 모든 사물은 근본과 말단이 있고 일은 시작과 끝이 있다. 이런 이치를 알아야 사물의 발전 법칙에 도달할 수 있다.

• 정定: 꿋꿋하고 바른 방향.
• 정靜: 고요하다.
• 안安: 마음이 안정되다.
• 려慮: 주도면밀하고 상세하다.
• 득得: 수확.
• 본말本末: 본本은 뿌리 · 긴요한 것, 말末은 끝부분 · 긴요하지 않은 것.
• 도道: 사물 발전의 규율.

부지런히 배우고 꾸준히 읽었더니

북송시대에 소주蘇州 땅에 범중엄范仲淹이라는 사람이 살았다. 그는 두 살 때 아버지가 병환으로 돌아가셔서 집안이 몹시 가난하였다. 그는 성년이 되자, 어머니와 눈물로 작별하고 타지에 가서 갖은 고생을 참아가면서 공부를 하였다. 그는 낮에 공부할 때 늘 점심을 먹지 않고 참았다가 해가 지면 먹곤 하였다. 밤에 책을 읽을 때는 피곤하면 찬물로 얼굴을 씻어 정신을 들게 하고, 그렇게 정신이 들면 계속 책을 읽었다.

이렇게 꾸준히 독서에 힘쓰는 과정에서 그는 점차 책 속의 이치를 깨닫게 되고 자신을 수양시켜 나가면서 백성들이 모두 잘사는 세상을 만들겠다는 뜻을 세우게 되었다. 그 후, 범중엄은 진사에 합격하여 마침내 자기의 포부를 실현하였고, 부단히 노력하여 높은 지위에 오르게 되었다.

천하를 다스리기 전에 먼저 해야 할 일

古之欲明明德於天下者，先治其國，
고 지 욕 명 명 덕 어 천 하 자　　선 치 기 국

欲治其國者，先劑其家，
욕 치 기 국 자　　선 제 기 가

欲劑其家者，先脩其身.
욕 제 기 가 자　　선 수 기 신

옛날에 밝은 덕을 천하에 밝히려는 자는 먼저 자기의 나라를 다스렸고, 나라를 다스리려는 자는 먼저 자기의 집안을 바로잡고, 집안을 바로잡으려는 자는 먼저 자신의 몸을 수양하였다.

≫ 나라를 잘 다스리려는 사람은 먼저 자기 집안을 잘 다스려야 하고, 자기 집안을 잘 다스리려고 하는 사람은 우선 자기 한 몸을 잘 수양해야 한다.

• 국國: 봉건시대의 '국'의 개념은 천자로부터 분봉 받은 제후의 나라를 뜻함.
• 치治: 다스리다.
• 제劑: 가지런하게 하다, 바르게 하다.
• 수脩: '수修'와 같은 의미로 '바르게 닦는다'의 의미임.

괄목상대

여몽은 삼국시대 동오의 대장이었다. 어느 날, 손권이 여몽에게 말했다.

"공은 지금 요직에 있는 만큼 마땅히 많이 배워야 하오."

그러나 여몽은 군부대에 일이 많다는 구실로 배움을 늘 미루기만 하였다. 그러자 손권이 의미심장하게 말했다.

"짐이 공에게 경전을 연구하고 박사가 되라고 권고하는 것이 아니오. 다만 식견을 넓히고 역사를 깨달아 알라는 것이오. 짐은 정사가 바쁘지만 늘 독서를 통해 많은 도움을 얻고 있다오."

손권의 말을 듣고 난 후 여몽은 열심히 책을 읽었다. 어느 날, 노숙이 여몽과 함께 군사를 담론하다가 여몽의 지략이 크게 진보한 것을 알고 크게 놀랐다. 이에 여몽이 말했다.

"선비는 3일 동안 떨어져 있다가 다시 만났을 때에는 반드시 눈을 비비고 새로 보아야 합니다."

이에 눈을 비비고 상대를 본다는 뜻의 '괄목상대刮目相對'라는 말이 전해지게 되었다.

수신修身의 시작은 마음을 바르게 하는 것

欲脩其身者, 先正其心, 欲正其心者,
욕 수 기 신 자   선 정 기 심   욕 정 기 심 자

先誠其意, 欲誠其意者, 先致其知,
선 성 기 의   욕 성 기 의 자   선 치 기 지
致知在格物.
치 지 재 격 물

자신의 몸을 가다듬고자 하는 자는 먼저 그 마음을 바르게 하고, 자신의 마음을 바르게 하고자 하는 자는 먼저 그 뜻을 성실하게 하고, 자신의 뜻을 성실하게 하려는 자는 먼저 그 앎을 철저하게 하였으니, 앎을 철저히 하는 것은 사물의 이치를 확실하게 인식하고 탐구하는 일에 있다.

≫ 자기 수양을 위해서는 마음을 바르게 하고, 성실하게 뜻을 세우며, 자기의 앎을 투철하게 하여 사물의 근원을 인식하고 탐구해야 한다.

• 정正: ~을 단정하게 하다.
• 성誠: 성실하다.
• 치기지致其知: 노력하여 자기의 지식, 앎을 최상의 상태에 도달하게 하다.
• 격물格物: 사물의 이치를 인식하고 탐구하다.

책에서 다 배웠지

　당나라 태종은 어질고 현명한 군주였다. 그가 문文으로 천하를 다스리는 동안, 당나라의 경제는 크게 발전하였고 백성들의 생활은 안정되었다.

　하루는 태종이 대신인 방현령에게 말했다.

　"짐은 지난날 외적을 평정하느라 시간이 없어 책을 읽지 못했다. 지금은 천하가 태평하여 여가가 있으니 책을 많이 읽게 되었다. 나는 책을 통해 나라의 군주가 되고 신하가 되며 아비가 되고 자식이 되는 도리를 알게 되었다. 옛사람이 말하기를, 배우지 않으면 아무것도 모르게 되고, 일을 처리할 때 다만 번뇌만 있게 된다고 했다. 지금 내가 젊었을 때 한 일을 돌이켜 보면 그때 일 처리를 잘못한 것이 참 많았었다."

　그 후 태종은 줄곧 부지런히 배우고 꾸준히 책을 읽어 나라를 점점 더 잘 다스리게 되었다.

사물의 근원을 탐구하라

物格而后知至 , 知至而后意誠 ,
물 격 이 후 지 지 　　지 지 이 후 의 성

意誠而后心正 , 心正而后身修 ,
의 성 이 후 심 정 　　심 정 이 후 신 수

身修而后家劑, 家劑而后國治,
신 수 이 후 가 제　　가 제 이 후 국 치

國治而后天下平.
국 치 이 후 천 하 평

　사물의 이치가 확실하게 밝혀진 후에야 앎이 투철해지고, 앎이 투철해진 뒤에야 뜻이 성실해지며, 뜻이 성실해진 뒤에야 마음이 바르게 되고, 마음이 바르게 된 뒤에야 몸이 가다듬어지고, 몸이 가다듬어진 다음에야 집안이 바로잡히게 된다. 집안이 바로잡힌 뒤에야 나라가 바르게 다스려지고, 나라가 바르게 다스려진 뒤에야 세상이 태평하게 된다.

≫ 사물을 인식하고 탐구해야 앎이 투철해지고, 뜻을 세우고 수양을 해야 집안은 물론 나라를 다스릴 수 있다.

• 지至: 도달하다, 획득하다.
• 평平: 태평하다, 평화롭다.

전염병도 물리친
지극한 우애

진나라에 어느 해, 급성 전염병이 발생하여 유곤의 두 형이 온역(봄철에 유행하는 돌림병의 한 가지로 오한과 열이 심함)으로 죽고 다른 한 형도 그 병에 걸려 앓아눕게 되었다. 그러자 유곤의 부모님은 유곤의 동생들을 데리고 온역을 피하여 외지로 갔다. 그러나 유곤은 따라가지 않고 병든 형을 간병하면서 때로는 죽은 두 형을 그리워하며 슬프게 울곤 하였다.

몇 달이 지나자 전염병은 사라지고 외지로 갔던 가족들이 집으로 돌아왔다. 위중했던 형의 병도 완쾌되었고, 그 와중에도 유곤은 온역에 전염되지 않았다. 이에 마을 사람들은 모두 유곤의 고상한 품행에 대해 칭찬을 아끼지 않았다.

자신의 덕을 스스로 밝혀라

康誥曰, 克明德,
강 고 왈　극 명 덕

大甲曰, 顧諟天之明命,
대 갑 왈　고 시 천 지 명 명

帝典曰, 克明峻德. 皆自明也.
제 전 왈　극 명 준 덕　개 자 명 야

〈강고康誥〉에 이르기를 '덕을 능히 밝히셨다'고 하였고, 〈대갑大甲〉에는 '하늘의 밝은 명령을 돌아보셨다'고 하였으며, 〈제전帝典〉에는 '위대한 덕을 능히 밝히셨다'고 하였다. 모두 자신의 덕을 스스로 밝게 하였다는 것이다.

>> 사람은 누구나 다 밝은 천성을 지니고 있으며, 이 천성을 스스로 밝혀 광명정대한 품성을 떨쳐 일으켜야 한다.

- 강고康誥:《서경》중의 한 편. 주나라 무왕武王이 아우인 강숙康叔을 위나라의 제후로 봉하면서 내린 교훈의 글.
- 극克: 능히 ~하다.
- 대갑大甲: 태갑太甲.《서경》중의 한 편. 탕湯 임금을 도와 나라를 세운 재상 이윤伊尹이 탕 임금의 손자인 태갑에게 타일러 훈계한 글. '태갑太甲'은 상나라 3대 왕으로서 폭정을 하여 이윤에게 추방당했다가 반성하고 돌아와 선정을 베풀었다고 기록됨.
- 고顧: 생각하다, 염려하다.
- 시諟: 시是와 같은 '이'의 뜻.
- 명명明命: 천성, 성품.
- 제전帝典:《서경》의 한 편인 〈요전堯典〉을 가리킴. 요堯 임금의 사적을 기록한 글.
- 준峻: 크다, 숭고하다.
- 개皆: 모두, 다.

연습 끝에 백발백중

송나라에 '진요자'라는 젊은이가 있었다. 그는 활 쏘는 기술이 대단히 뛰어났는데, 곳곳을 다니면서 자기의 궁술을 떠벌리며 자랑하였다.

어느 날, 그가 자신의 궁술을 한창 뽐내고 있을 때, 기름장수 노인이 그의 곁을 지나가다가 그 이야기를 듣게 되었다. 노인은 문득 장난기가 발동하여 진요자의 자만심을 꺾어 주기로 마음먹었다.

"이보게, 젊은이. 내가 이 조롱박 입구에 올려둔 동전 구멍으로 기름을 한 번에 넣을 수 있겠는가, 없겠는가?

"에이, 구멍이 작아서 힘들겠지요."

그는 기름통을 내려놓고 작은 조롱박에 기름을 떠서 동전 구멍으로 흘려 넣었다. 구멍이 아주 작았는데 놀랍게도 동전에 기름이 전혀 묻지 않았다.

노인은 실제 행동을 통하여 무슨 일이든지 많이 연습하고 익숙해지면 그와 같이 탁월한 기량이 길러진다는 이치와 현 상태에 만족하여 머물 것이 아니라 반드시 더 깊이 연마해야 한다는 사실을 진요자에게 훈계하였던 것이다.

그날 이후, 진요자는 꾸준히 활 쏘는 기술을 연마하여 끝내는 백발백중하는 기량을 갖추게 되었다.

나날이 혁신하라

湯之盤銘曰, 苟日新, 日日新, 又日新.
탕 지 반 명 왈　구 일 신　일 일 신　우 일 신
康誥曰, 作新民.
강 고 왈　작 신 민
詩曰, 周雖舊邦, 其命維新.
시 왈　주 수 구 방　기 명 유 신
是故君子無所不用其極.
시 고 군 자 무 소 불 용 기 극

탕왕이 욕조에 새기기를 '만약 하루를 새롭게 할 수 있다면, 날마다 더욱 새롭게 하고, 또 날마다 새롭게 하라'고 했고, 〈강고〉에는 '백성들이 새로워지도록 고무 격려하라'고 했으며, 《시경》에서는 '주나라가 비록 옛 나라지만 그 천명이 새롭도다'라고 했다. 그러므로 군자는 최선을 다하지 않음이 없는 것이다.

≫ 품덕이 고상한 사람은 끊임없이 최선의 경계를 추구해야 한다.

- 탕湯: 상(은)나라의 개국 군주.
- 반명盤銘: 탕왕의 욕조에 새긴 글귀.
- 구苟: 만약.
- 작作: 진작시키다, 고무 격려하다.
- 신민新民: 낡은 것을 버리고 새것을 건립하다.
- 구방舊邦: 옛 국가.
- 기명其命: 주 왕조가 부여받은 천명.
- 유維: 어조사.
- 시고是故: 그러므로.
- 극極: 끝, 다하다.

진흙 속에 묻힌들

어느 날, 장자가 복수강 기슭에 앉아 한가로이 낚시질을 하고 있었다. 초나라 위왕이 장자가 그곳에 있음을 알고 두 대신을 보내어 장자에게 궁전에 들어와 관리가 되어 정치를 맡아줄 것을 요청하게 했다.

두 대신의 말을 듣고 장자는 생각 끝에 대답하였다.

"듣건대 초나라에는 신神처럼 여겨지는 거북이 한 마리가 있다고 하던데, 이미 죽은 지가 삼천 년이 되었다고 들었소. 그런데 그 나라 왕은 거북의 뼈를 비단 보자기에 싸서 참대(왕대. 볏과의 여러해살이 풀) 궤에 넣어 진품으로 사당에 모셨다고 하더이다. 묻건대 거북이 편에서 말하자면 죽어서 자신의 뼈를 진귀하게 여겨 고이 간직해 두기를 원하겠소, 아니면 진흙에 묻혀 꼬리를 끌지언정 살기를 원하겠소?"

두 대신이 대답했다.

"당연히 진흙 속에서 꼬리를 끌지언정 사는 것을 원하겠지요."

이에 장자가 말하였다.

"그럼 수고스럽겠지만, 두 분께서 위왕에게 말씀드리시오. 나는 진흙 속에서 꼬리를 끌지언정 사는 편을 선택하겠다고."

머무를 때를 알라

詩云, 邦畿千里, 惟民所止.
시운　방기천리　유민소지

詩云, 緡蠻黃鳥, 止于丘隅.
시운　면만황조　지우구우

子曰, 於止, 知其所止,
자왈　어지　지기소지

可以人而不如鳥乎!
가 이 인 이 불 여 조 호

《시경》에 이르기를 '방기 천리는 백성들이 머무르는 곳'이라 하였고, 《시경》에 말하기를 '지저귀는 꾀꼬리는 숲이 우거진 멧부리에 머물러 있구나' 하였다. 공자는 말하기를 "머무를 때에 그 머무를 곳을 아나니 사람으로서 새만도 못해서야 되겠는가!"라고 하였다.

≫ '새도 자기가 머물 곳을 아는데 하물며 사람이 자기 머물 곳을 몰라서야 되겠는가'라는 반어법으로, 머무름에 대하여 강조하였다.

- 방기邦畿: 고대 도성과 그 주변 지구. '기畿'의 안쪽은 천자의 직할지를 뜻함.
- 지止: 거주하다.
- 면만緡蠻: 새소리.
- 지우止于: 서식하다.
- 구우丘隅: 산 구릉의 일각.
- 가이可以: 어찌, 어떻게.

돈 맡긴 사람은 죽고 없는데!

　명나라 때 양첨이라는 상인이 회양 일대에서 장사를 하고 있었다. 어느 날, 관중에서 온 한 소금장수가 양첨에게 은전 천 냥을 보관해 달라고 부탁하고 가더니 오랫동안 찾으러 오지 않았다. 양첨은 돈을 화분 통 안에 넣고 그 위에 꽃을 심었다. 그리고 관중에 사람을 보내 그 소금장수를 찾아보게 했다.

　그런데 그 소금장수의 집을 찾아가 보니 그는 이미 세상을 떠났고, 집에는 아들 하나만 남아 있었다.

　양첨은 그 사실을 알고 그 아들을 청하여 자기 집에 오게 했다.

　"이 화분 속에는 자네 부친이 생전에 나에게 맡긴 은전 천 냥이 묻혀 있네. 그러니 이것을 자네가 가져가게."

　양첨의 말을 들은 소금장수의 아들은 너무 놀라 선뜻 받아들일 수가 없었다. 이에 양첨은 자초지종을 말해 주었다. 그제야 소금장수 아들은 양첨에게 몇 번이고 절을 한 후, 그 은전을 받아 가지고 돌아갔다.

높은 덕을 따라서

詩云, 穆穆文王, 於緝熙敬止!
시 운　목 목 문 왕　오 즙 희 경 지

爲人君, 止於仁, 爲人臣, 止於敬,
위 인 군　지 어 인　위 인 신　지 어 경
爲人子, 止於孝, 爲人父, 止於慈,
위 인 자　지 어 효　위 인 부　지 어 자
與國人交, 止於信.
여 구 인 교　지 어 신

《시경》에 이르기를 '높은 덕을 갖춘 문왕이여, 끊임없이 밝으시어 고요히 머무셨다'고 하였다. 남의 왕이 되어서는 인에 머무르고, 남의 신하가 되어서는 공경에 머무르고, 남의 아들이 되어서는 효에 머무르고, 남의 아버지가 되어서는 자애에 머무르고, 나라 사람들과의 사귐에는 믿음에 머물렀다.

≫ 문왕은 품성이 고상하여 자애롭고, 믿음이 있으므로 그러한 아름다운 덕을 본받아야 한다.

• 목목穆穆: 의표가 단정하고 도덕이 고상하다.
• 문왕文王: 주나라의 창시자. 본명은 희창.
• 오於: 감탄사로 쓰임, '아!'와 같음.
• 즙緝: 계속, 부단히.
• 희熙: 광명.

민심 얻으면
천하를 얻는다

어질고 사리에 밝기로 유명했던 주나라 무왕은 상나라를 멸망시킨 후, 주왕紂王의 아들을 죽이지 않았을 뿐만 아니라 도리어 그에게 주나라가 정복한 상나라 땅을 주어 관리하게 하였다. 그리고 상나라 주왕의 감옥에 갇혀 있는 인재들을 풀어주었다.

소공(무왕의 이복동생으로 연나라의 시조)을 시켜 감금되어 있는 기자를 석방시키게 하고 필공으로 하여금 감옥에 갇혀 있는 백성들을 놓아주었다. 또한 상나라 주왕에게 파면당했던 상용을 표창하고 굉요를 위해 죽은 충신 비간에게는 비석을 세워 주도록 했다. 뿐만 아니라 창고에 쌓아 놓은 재물과 양식을 가난한 백성에게 나누어 주게 하였다.

이러한 모든 조치들로 인해 무왕은 백성들에게 인심을 얻었으며, 상나라 주왕 때의 대신들과 백성들은 모두 즐거워하며 무왕의 인자함과 그 은덕을 높이 칭송했다.

전대의 왕을 잊지 못하는 까닭은

詩云, 於戲! 前王不忘.
시운 오호 전왕불망
君子賢其賢而親其親,
군자현기현이친기친

小人樂其樂而利其利, 此以沒世不忘也.
소 인 락 기 락 이 리 기 리 　 차 이 몰 세 불 망 야

《시경》에 이르기를 '아! 전대의 왕을 잊을 수 없도다!'고 하였다. 군자들은 그분들의 어짊을 어질게 알고 그 친함을 친하게 여기며, 소인은 그분들이 즐거워한 것을 즐겁게 여기고 이롭게 한 것을 이롭게 여기며, 이 때문에 세상을 떠났는데도 잊지 못하는 것이다.

》》 전왕들의 품덕이 지극히 고상했던 까닭에 후세의 임금과 백성들이 그 덕을 잊지 않고 사모하는 것이다.

- 오호於戱: 감탄사로서 '嗚呼'의 가차자, '아!'의 뜻.
- 전왕前王: 주나라 문왕, 무왕.
- 소인小人: 평민, 백성을 가리킴.
- 차이此以: ~ 때문에.
- 몰세沒世: 서거하다.

당신들의 다툼은
내 탓이오

    한연수는 서한시대의 유명한 관리였다. 그는 예의를 숭상하고 교화를 중시하여 백성들의 존경과 사랑을 받았다. 한연수가 태수로 있는 동안 고을을 한차례 순방하였는데, 고릉현이라는 곳을 지날 때 두 형제가 가산을 두고 크게 다투다 못해 한연수를 찾아와 고소하였다. 송사를 들은 한연수는 부끄러워하며 말했다.

    "나로 말하면 한 고을 태수에 불과하여 백성을 교화시킬 능력이 없습니다. 오늘에 와서 혈육이 서로 다투며 소송을 하는 일은 전적으로 나에게 책임이 있으니, 나는 마땅히 관직에서 물러나고 더 능력 있는 사람이 와서 직책을 맡아야 할 것입니다."

    한연수는 바로 집으로 돌아가 문을 닫고 자기의 부족함을 찾으며 반성하였다. 싸우던 두 형제는 한연수의 행동에 크게 감동하여 눈물을 흘렸다. 그들은 곧 한연수를 찾아가서 자신들의 죄를 털어놓고 처분을 바랐다.

민심이 무서워

子曰, 聽訟, 吾猶人也, 必也使無訟乎!
자왈 청송 오유인야 필야사무송호
無情者不得盡其辭. 大畏民志, 此謂知本.
무정자부득진기사 대외민지 차위지본

공자가 말했다.

"송사를 듣고 처리하는 일은 나도 남과 마찬가지이다. 그러나 그보다는 반드시 송사가 없도록 해야 할 것이다!"

진정이 없는 자가 자기가 하고 싶은 말을 다하지 못하는 것은 백성들의 뜻을 겁내기 때문이다. 이를 근본을 아는 것이라고 한다.

≫ 송사를 잘 처리하는 것보다 더 중요한 것은 송사가 일어나지 않도록 하는 것이다.

• 청송聽訟: 송사를 듣다.
• 유인猶人: 남들과 같다.
• 무정無情: 실제 정황을 감추다.
• 진기사盡其辭: 변명, 감언이설.
• 민지民志: 민심, 인심.

북두성의 비밀을 알았어

동한시대에 장형이라는 유명한 천문학자가 있었다. 그는 할머니가 들려주는 북두성에 관한 이야기를 가장 좋아했다. 어린 장형은 할머니의 이야기를 들으면서 수시로 묻곤 하였다.

"별은 어째서 떨어지지 않나요? 그러면 별은 비오는 것을 무서워하나요?"

그러나 할머니는 그의 물음에 아무 대답도 해줄 수가 없었다.

그 후 장형은 공부를 하기 시작하여 많은 책을 읽는 가운데 북두성이 계절을 정한다는 내용을 보고 꾸준히 북두성을 관찰하였다. 그렇게 나날을 보내는 중에 장형은 북두성이 시종일관 한 개의 중심을 둘러싸고 일 년에 한 바퀴를 돌고 있다는 사실을 발견하였다. 그리고 마침내 '북두성이 돌면 별이 이동한다(斗轉星移: 두전성이)'는 이치를 깨달았다.

미진함이 없도록 확실하게 밝혀라

所謂致知在格物者, 言欲致吾之知,
소 위 치 지 재 격 물 자　　언 욕 치 오 지 지
在卽物而窮其理也.
재 즉 물 이 궁 기 리 야

蓋人心之靈莫不有知,
개 인 심 지 령 막 불 유 지

而天下之物莫不有理,
이 천 하 지 물 막 불 유 리

惟於理有未窮故其知有不盡也.
유 어 리 유 미 궁 고 기 지 유 부 진 야

이른바 앎을 철저하게 하는 것이 사물의 이치를 확실하게 밝히는 데 있다는 것은, 나의 앎을 철저하게 하려면 사물을 가까이하여 그 이치를 남김없이 탐구하라는 것이다. 사람의 마음은 영묘하여 인식 능력이 있고 천하 사물에는 모두 원리가 있건마는 다만 끝까지 탐지해 내지 못한 이치가 있어서 앎이 완전히 파악되지 못한 상태로 있는 것이다.

≫ 천하의 사물에는 모두 다 저마다의 원리가 있는데, 그 원리를 철저하게 탐지해 내지 못했기 때문에 아직까지 사람들이 모르는 미진한 지식이 있다.

• 치지致知: 지식을 획득하다.
• 즉卽: 접근하다, 접촉하다.
• 궁窮: 탐구하다.
• 리理: 도리, 원리.
• 개蓋: 접속사. 원인을 나타냄.
• 유惟: 오직, 다만.
• 미궁未窮: 미진하다, 철저하지 못하다.

산 위의 꽃은
왜 더디 피는가

심괄은 북송시대의 저명한 정치가이자 과학자이다. 그는 어릴 때부터 사물의 원리를 탐구하기를 즐겨했다.

심괄은 '민간엔 4월이면 꽃향기 다 사그라지는데 산상의 복숭아꽃 피기 시작하네'라는 시구를 읽고, 주변의 복숭아꽃은 다 졌는데 어찌하여 산에 있는 복숭아꽃은 이제 피기 시작하는지 이해할 수가 없었다.

그리하여 그는 몇몇 친구들과 함께 산에 올라가서 직접 관찰하였다.

산 위에 올라가니 찬바람이 불어 온몸이 떨렸다. 순간, 심괄은 산 위의 온도가 산 아래보다 낮기 때문에 산 위의 복숭아꽃이 산 아래보다 늦게 핀다는 사실을 깨닫게 되었다. 그는 이런 탐구정신과 실증하는 습관으로 《몽계필담夢溪筆談》이라는 책을 써 냈다.

끝까지 탐구하라

是以, 大學始教, 必使學者, 卽凡天下之物,
시 이 대 학 시 교 필 사 학 자 즉 범 천 하 지 물
莫不因其已知之理而益窮之,
막 불 인 기 이 지 지 리 이 익 궁 지

以求至乎其極.
이 구 지 호 기 극

그러므로 대학에서 처음 가르칠 때, 반드시 배우는 자로 하여금 천하의 사물에 나아가 이미 알고 있는 이치를 바탕으로 더욱 탐구하여 그 궁극에 도달하게 하였다.

>> 배우는 사람은 반드시 이미 알고 있는 지식을 바탕으로 깊이 탐구하여 만물의 원리를 철저하게 인식해야 한다.

• 시이是以: 이로써, 이 때문에, 그래서, 그러므로.
• 시始: 시작.
• 즉卽: 접촉.
• 범凡: 모든 것, 소유의.
• 익益: 진일보, 더욱더.
• 궁窮: 탐구하다.
• 극極: 종점, 끝내.

현장법사, 천축에 가다

당나라 고승 현장은 서기 629년에 불경을 구하려고 장안에서 출발하여 서쪽에 있는 천축(인도의 옛 이름)으로 갔다. 그는 사막을 지나 높고 높은 산을 넘으면서 온갖 난관을 거쳐 끝내 천축에 도착하였다.

천축에서 10여 년간 있는 동안 그는 많은 불교 경서를 깊이 연구하였을 뿐만 아니라, 여러 고승들의 가르침을 받아들여 성실한 마음으로 힘써 불법을 배웠다. 그 후 한차례의 강연대회에서 많은 고승들과 격렬한 변론을 펼침으로써 불교에 관한 그의 심원한 학문적 조예를 보여 수많은 고승들을 탄복시켰다.

불경을 다 배운 현장은 만 리 길을 마다하지 않고 당나라로 돌아와 천축에서 배운 불경을 번역하는 작업에 착수하였다. 그리고 또 인도를 여행하며 보고 들은 것을 기록한 《대당서역기大唐西域記》를 써서 후예들에게 값진 자료를 남겨 주었다.

오랜 노력 끝, 한순간의 깨달음

至於用力之久, 而一旦豁然貫通焉,
지 어 용 력 지 구　　이 일 단 활 연 관 통 언
則衆物之表裏精粗無不到,
즉 중 물 지 표 리 정 조 무 부 도

而吾心之全體大用無不明矣.
이 오 심 지 전 체 대 용 무 불 명 의
此謂物格, 此謂知之至也.
차 위 물 격　　　차 위 지 지 지 야

오랫동안 노력하여 한순간 관통하게 되면, 모든 사물의 겉과 속, 정밀함과 조잡함이 다다르지 않음이 없고, 내 마음의 근본을 온전하게 하여 쓰임을 크게 하면 밝아지지 않음이 없다. 이것을 가리켜 사물의 이치가 확실히 밝아졌다고 하고, 앎의 지극함이라고 한다.

》》 꾸준히 노력하여 만물을 탐구하고 철저하게 인식하면 지식이 정점에 도달하게 된다.

- 활연豁然: 깨달은 상태, 각오한 상태.
- 도到: 두루 미치다, 골고루 퍼지다.
- 전체대용全體大用: 자기가 인지된 일체.
- 명明: 명백하다, 알게 되다.

누가 보지
않아도

거백옥은 춘추시대 위나라의 대부였다. 어느 날, 밤중에 위나라 군주君主인 위령공이 부인과 함께 한가로이 이야기를 나누고 있는데, 갑자기 궁전 밖에서 마차 소리가 들려왔다. 그 소리가 궁전 문 앞에 이르러 갑자기 멈추는가 싶더니, 잠시 후 다시 이어졌다. 그러자 위령공 부인이 말했다.

"틀림없이 거 대인의 마차일 거예요. 예의를 따르자면, 마차가 궁전 앞에 이르면 반드시 마차에서 내려서 걸어야 하지요. 그런데 이미 밤중이고 주위에 사람이 없는 것을 알면서도 변함없이 예의를 지키다니 과연 훌륭한 군자답네요."

그 이튿날, 위령공이 알아보니 간밤에 궁전 문 앞을 지나간 사람은 다름 아닌 거백옥이었다.

스스로 속이지 말라

所謂誠其意者, 毋自欺也.
소 위 성 기 의 자　　　무 자 기 야

如惡惡臭, 如好好色, 此之謂自謙.
여 오 오 취　　　여 호 호 색　　　차 지 위 자 겸

故君子必愼其獨也.
고 군 자 필 신 기 독 야

이른바 그 뜻을 성실하게 한다는 것은 스스로를 속이는 일이 없어야 한다는 것이다. 마치 악취를 싫어하고, 여색을 좋아하듯 하는 것, 이것을 일러 자기만족이라고 한다. 그러므로 군자는 반드시 혼자 있을 때 조심해야 한다.

》》 자기 마음을 참되게 하는 길은 스스로를 속이지 않는 데서부터 시작된다.

• 성기의誠其意: 성실하다고 생각하다.
• 무毋: 하지 않다.
• 오惡: 싫어하다.
• 호好: 즐기다, 좋아하다.
• 호색好色: 여색을 좋아하다.
• 겸謙: 만족하다.
• 신愼: 조심하다, 신중하다.

위선자의 종말

　왕망은 한나라 사람으로 일찍이 아버지를 여의고 당시 태후인 고모 양정군의 슬하에서 자라났다. 고모의 도움으로 관직이 점점 높아지면서 그는 속으로 언제든지 기회만 되면 한 왕조를 뒤엎겠다는 생각을 품고 있었다. 그리하여 그는 태후인 고모 앞에서는 항상 듣기 좋은 말만 하면서 갖은 수단으로 믿음을 보였다.

　때가 되자, 왕망은 본색을 드러내기 시작하더니 감히 오만하게 태후에게 말했다.

　"한조가 곧 멸망할 테니 어서 나에게 옥새를 바치시오!"

　이렇게 왕망은 새로운 신 왕조를 건립하고 황제가 되었다. 그러나 몇 년이 못 되어 왕망의 신 왕조는 기의군에 의해 뒤집히고 말았다.

소인이 군자를 만났을 때

小人閒居爲不善, 無所不至,
소 인 한 거 위 불 선 　 무 소 부 지

見君子而后厭然, 揜其不善, 而著其善.
견 군 자 이 후 암 연 　 엄 기 불 선 　 이 저 기 선

　소인은 혼자 있을 때 바르지 않은 일을 못할 짓이 없을 것처럼 하다가 군자

를 대할 때는 계면쩍어하면서 바르지 않은 일을 가리고 선한 일을 나타내 보이려 한다.

》》 소인은 겉과 속이 달라서 혼자 있을 때와 다른 사람과 있을 때의 모습이 다르다.

- 한거閒居: 혼자 있다.
- 위爲: 하다.
- 암연厭然: 움츠러들고 꽉 막혀 은폐하고 감추는 모양.
- 엄揜: 덮어 가리다.
- 저著: 표명하다, 드러내다, 현시하다.

일 전 태수

　유총은 동한시대에 청빈하기로 이름이 났던 관리이다. 그는 어렸을 때부터 아버지와 함께 책을 읽었으므로 그 재능이 남들보다 뛰어났다. 성년이 된 후 그는 추천을 받아 동평릉 현령으로 임명되었다. 그는 임직 기간 동안 백성을 보호하는 일에 힘쓰고 청렴결백하여 백성들의 옹호와 사랑을 받았다.

　그 후 그는 태수로 승진이 되었지만, 여전히 백성들이 겪는 어려움에 관심을 기울였다. 그는 백성을 착취하는 여러 가지 세금들을 면제하고, 가혹한 법령을 없애버렸다. 이에 백성들이 크게 감동하였다.

　유총이 다른 지방으로 이임할 때 수많은 사람들이 몰려나와 그를 배웅하였다. 그중 몇몇 노인이 은전 백 개를 모아 그에게 주었지만, 그는 완강히 사양하다가 어쩔 수 없이 겨우 한 사람에게서 일전만 받고 모두 돌려주었다. 이로써 그는 백성들로부터 '일 전—錢 태수'라는 아름다운 별명을 얻게 되었다.

열 개의 눈이 보고 있어

曾子曰, 十目所視, 十手所指, 其嚴乎!
증 자 왈　십 목 소 시　십 수 소 지　기 엄 호
富潤屋, 德潤身, 心廣體胖.
부 윤 옥　덕 윤 신　심 광 체 반

故君子必誠其意.
고 군 자 필 성 기 의

증자가 말했다.

"열 눈이 보고 열 손가락이 가리키는 바이니 그 엄함이여!"

부는 집안을 윤택하게 하고, 덕은 몸을 윤택하게 하며 마음이 넓어지면 몸이 편안해진다. 그러므로 군자는 반드시 그 뜻을 성실하게 해야 한다.

》 항상 많은 사람들이 나를 지켜보고 있으므로 고상한 품성으로 성실하게 수양해야 한다.

- 증자曾子: 공자의 제자인 증삼曾參.
- 엄嚴: 무섭다, 엄격하다.
- 윤옥潤屋: 집을 장식하다.
- 윤신潤身: 몸과 마음을 수양하다.
- 반胖: 마음이 편안하고 관대하다.

돗자리를 둘로 가른 이유

관녕과 화흠은 단짝 친구였다. 한번은 두 친구가 밭에서 호미로 풀을 매고 있었는데, 갑자기 흙 속에서 황금덩어리 하나가 나왔다. 관녕은 금덩이를 한낱 돌이나 기왓장 조각처럼 여기고 여전히 풀매기를 멈추지 않았다.

금을 본 화흠은 욕심이 발동하여 금덩이를 슬그머니 손에 움켜쥐고 한동안 살펴보다가 관녕의 눈치를 보고서야 흙 속에다 금덩이를 숨겨 놓았다.

또 한번은 둘이서 한 돗자리에 앉아 책을 읽고 있었다. 그때 갑자기 창 밖에서 요란한 음악 소리를 내면서 높은 관리가 탄 화려한 수레가 문 앞을 지나가고 있었다. 관녕은 아랑곳하지 않고 독서에 몰두하고 있었지만, 화흠은 손에 쥔 책을 내동댕이치고 급히 거리로 뛰어나갔다.

화흠이 바깥 세계에 쉽게 마음이 동요되고 있음을 알게 된 관녕은 의기투합이 안 되고 지향하는 바가 같지 않다고 여겨 깔고 앉은 돗자리를 둘로 갈라놓았다.

이윽고 밖에 나갔던 화흠이 자리로 돌아왔다. 관녕이 엄숙하게 말했다.

"오늘 이후로 너는 내 친구가 아니다!"

수양의 본질은 마음에 있다

心不在焉, 視而不見, 聽而不聞,
심 부 재 언   시 이 불 견   청 이 불 문

食而不知其味. 此謂修身在正其心.
식 이 부 지 기 미   차 위 수 신 재 정 기 심

마음에 있지 않으면 보아도 보이지 않고, 들어도 들리지 않으며, 먹어도 그
맛을 모른다. 이를 가리켜 몸을 수양함은 그 마음을 바르게 하는 데 있다고 하
는 것이다.

≫ 마음에 없으면 그 몸도 가다듬을 수 없고, 마음도 바르게 할 수 없다.

• 언焉: 여기, '자기 몸'을 가리킴.

사사로운 정에 매여선 안 돼

배광덕은 당나라 시대의 한 관원으로서 재상으로 일한 적이 있었다. 하루는 관직이 그리 낮지 않은 옛 친구가 먼 곳에서 그를 찾아왔다. 배광덕은 오래간만에 만난 친구를 정성을 다해 각별하게 대접했다. 그러자 옛 친구가 배광덕에게 말했다.

"경성은 너무도 살기 좋은데다가 친구까지 있어서 나는 정말 여기를 떠나고 싶지 않네. 만약 친구가 나를 도와 판사 직무라도 하나 찾아준다면 참 좋겠네."

그러자 배광덕이 이렇게 말했다.

"자네는 정말 능력이 있는 사람이야. 그러나 이 직무가 자네에게는 적합하지 않다고 보네. 나는 사사로운 정에 매여 조정의 제도를 그릇되게 할 수는 없네. 앞으로 어떤 재상이 자네를 천거해 줄 수는 있어도 내가 임직에 있는 한 절대로 그렇게는 하지 못하겠네."

세상에 드문 사람

所謂齊其家在修其身者,
소 위 제 기 가 재 수 기 신 자

人之其所親愛而辟焉, 之其所賤惡而辟焉,
인 지 기 소 친 애 이 벽 언   지 기 소 천 오 이 벽 언

之其所畏敬而辟焉, 之其所哀矜而辟焉,
지 기 소 외 경 이 벽 언   지 기 소 애 긍 이 벽 언

之其所敖惰而辟焉. 故好而知其惡,
지 기 소 오 타 이 벽 언   고 호 이 지 기 악

惡而之其美者, 天下鮮矣.
오 이 지 기 미 자   천 하 선 의

이른바 그 집을 바로잡는 것이 그 몸을 가다듬는 데 있다고 하는 것은, 사람은 자기가 친애하는 이에게 치우치고, 자기가 대수롭지 않게 알고 미워하는 이에게 치우치며, 자기가 두려워하고 존경하는 이에게 치우치고, 자기가 불쌍히 알고 가엾게 여기는 이에게 치우치며, 자기가 오만하고 무례하게 여기는 이에게 치우친다는 것이다. 그러므로 좋아하면서도 그 나쁜 점을 알아보고 미워하면서도 그 좋은 점을 알아보는 사람이 세상에 드문 것이다.

>> 사람은 인격을 수양하지 않으면 세상에 설 수 없을 뿐 아니라 남을 다스릴 수도 없다.

- 지之: ~에 대하여.
- 벽辟: 편차를 두다, 여기에서는 지나치게 과분하다는 뜻으로 쓰였다.
- 애긍哀矜: 동정하다.
- 오敖: 교만하다.
- 타惰: 게으르다, 태만하다.
- 호好: 즐기다, 좋아하다.
- 선鮮: 적다.

못 먹고 못 입어도 포기해선 안 되는 것

안지추는 남북조시대의 문학가이며 교육가였다. 북제가 멸망한 후, 안지추 일가는 장안으로 이사를 했다. 관직도 없는데다가 저축해 놓은 돈도 없어 가정생활은 극히 빈궁하였다. 그의 아들 중 한 명이 이렇게 말했다.

"아버지, 집에 아무 재산도 없으니 온 힘을 다해 집안 식구를 먹여 살려야 하는데, 아버지께서는 저희들에게 부지런히 경전을 배우라 하십니다. 그러나 저희는 자식으로써 부모를 봉양 못하고 있으니 죄송할 뿐입니다."

안지추는 아들의 말을 듣고 의미심장하게 말했다.

"자식으로서 부모를 공양하는 것은 마땅하지만, 내가 잘 먹고 잘 입기 위해 너희들에게 학업을 포기하라 한다면, 아무리 산해진미를 먹은들 음식이 목에 넘어가겠느냐. 반대로 너희들이 부지런히 공부하여 조상들의 가업을 계승한다면 나는 못 먹고 못 입어도 기쁠 것이다."

세상이 편안해지려면

所謂治國必先齊期家者,
소 위 치 국 필 선 제 기 가 자

其家不可敎而能敎人者, 無之.
기 가 불 가 교 이 능 교 인 자 　 무 지

故君子不出家而成敎於國.
고 군 자 불 출 가 이 성 교 어 국

孝者, 所以事君也,
효 자 　 소 이 사 군 야

弟者, 所以事長也,
제 자 　 소 이 사 장 야

慈者, 所以使衆也.
자 자 　 소 이 사 중 야

이른바 한 나라를 다스리려면 반드시 먼저 자기 집안을 바로잡아야 한다는 것은, 자기 집안을 교화하지 못하면서 남을 교화시킬 수 없기 때문이다. 그러므로 군자는 집을 나서지 않고서도 한 나라의 교화를 완성할 수 있다. 효는 임금을 섬기는 도리가 되고, 형을 공경하는 것은 어른을 섬기는 도리가 되며, 자식을 사랑하는 것은 백성을 다스리는 도리가 되는 것이다.

≫ 집안을 잘 다스림이 곧 나라를 다스림에 통한다.

• 교敎: 교육하다, 교화하다.
• 사事: 섬기다, 모시다.
• 자慈: 자애.
• 사중使衆: 백성을 대하다.
• 제弟: 형을 공경하다.

황제의 효성

강희제는 중국 역사상 가장 현명한 황제로서 나라를 다스리는 데에도 능력이 있었을 뿐 아니라 효성이 매우 지극했다. 어느 날, 할머니 효장 황태후가 병으로 눕게 되었는데, 그는 자녕궁을 떠나지 않고 밤낮으로 친히 할머니에게 약을 달여 드렸다. 할머니가 잠이 들어도 그 곁을 떠나지 않았고, 할머니의 말소리가 들리면 즉시 곁으로 다가가곤 했다.

효장 황태후의 병이 한 달 남짓 위중했을 때는 잠시도 곁을 떠나지 않았고, 매일 불당에 가서 향을 피우고 자기의 수명을 바꿔서라도 할머니의 병이 완쾌되기를 빌었다.

강희제가 편찮으신 할머니를 지극정성으로 섬긴 일이 민간에 알려지자, 백성들은 모두 감동하여 부모에 대한 효도를 더욱 중시하게 되었다.

집안이 어질면 나라도 어질다

一家仁, 一國興仁, 一家讓,
일 가 인　일 국 흥 인　일 가 양
一國興讓, 一人貪戾, 一國作亂.
일 국 흥 양　일 인 람 려　일 국 작 란

其機如此. 此謂一言僨事, 一人定國.
기 기 여 차　　차 위 일 언 분 사　　일 인 정 국

한 집안이 어질면 온 나라가 어질어지고, 한 집안이 겸양하면 온 나라가 겸양해지며, 한 사람이 탐욕스럽고 도에 어긋나면 온 나라가 어지러워진다. 그 동기가 이와 같으니 한마디 말이 일을 뒤엎고, 한 사람이 나라를 안정시킨다고 하는 것이다.

➤➤ 집권자의 덕과 한 집안의 덕이 나라 전체에 영향을 미친다.

• 양讓: 겸양.
• 탐려貪戾: 탐욕스럽고 포악하다.
• 기機: 여기서는 '동기'의 의미로 쓰임.('관건'의 뜻으로도 쓰인다.)
• 분僨: 손상시키다, 파괴하다.
• 정定: 안정시키다.

요 임금의 북

요堯는 부락의 수령이 된 후, 백성들의 의견 듣기를 좋아했다. 특히 백성들의 마음속에 담긴 말을 듣는 것을 즐겨하였다. 그리하여 그는 정원에 큰 북을 하나 설치해 놓게 하였다. 만약 억울한 일을 당했거나 부락 관리 제도에 대하여 건의할 일이 있으면 누구든지 막론하고 이 정원에 와서 큰 북을 두드릴 수 있게 하였다. 그리하여 북이 울리기만 하면 그는 만사를 제쳐놓고 곧바로 뛰어나가 북을 친 사람을 영접하였다.

이 북이 바로 생각을 거리낌 없이 쏟아 내어 알리는 북이라는 데서 '간고諫鼓'라 하였다. 그 후 관아마다 문 앞에 모두 간고를 설치하게 하고 백성들이 억울한 일이 있을 때 이 북을 치게 되면 현의 관리들은 소리를 듣고 곧바로 뛰어가서 백성들을 맞이하고 일을 처리해 주게 했다.

인으로 천하를 통솔하다

堯舜帥天下以仁, 而民從之,
요순솔천하이인   이민종지

桀紂帥天下以暴, 而民從之,
걸주솔천하이포   이민종지

其所令反其所好, 而民不從.
기 소 령 반 기 소 호   이 민 부 종

　　요와 순이 인으로써 천하를 거느리자 백성들이 그것을 따랐고, 걸과 주가 포악함으로 천하를 거느리자 백성들이 그 포악함을 따랐으니, 군주의 명령이 백성들의 뜻과 상반되는 것이면 백성들은 그를 따르지 않았다.

》 윗물이 흐리면 아랫물도 흐리기 마련이다.

• 요순堯舜: 요 임금과 순 임금. 성군의 대명사.
• 솔帥: 통솔하다.(여기서는 솔率의 뜻으로 쓰였다.)
• 종從: 복종하다, 따르다.
• 걸주桀紂: 하나라 걸 임금과 상나라 주 임금. 폭군의 대명사.
• 반反: 상반되다, 위배되다.

나를 감옥에 가두시오

춘추시대 진나라에 이리라는 관원이 있었다. 어느 날, 그가 안건을 하나 처리하다가 그 안건의 죄상을 잘못 듣고 어떤 사람을 억울하게 감옥에 가둔 일이 있었다. 얼마 후 그 안건을 정확하게 밝혔을 때에는 그 사람이 이미 죽은 후였다. 그리하여 이리는 자책감에 못 이겨 스스로 칼을 차고 옥에 들어갔다.

진문공이 이 사실을 알고 그에게 권고하여 말했다.

"매일 그렇게 많은 안건을 처리하다 보면 일을 잘못할 때도 있기 마련이오. 그리고 그 일은 그대 부하가 경솔하게 대처해서 생긴 결과요."

"저의 책임을 어찌 아랫사람에게 덮어씌우겠습니까? 이 안건은 제가 오판한 것이기에 제가 책임을 져야 합니다."

끝내 이리는 스스로 목숨을 끊는 것으로 잘못된 판결에 대한 사죄를 대신하였다.

군자는 남보다 앞서야 한다

是故君子有諸己而后求諸人,
시 고 군 자 유 저 기 이 후 구 저 인

無諸己而后非諸人.
무 저 기 이 후 비 저 인

所藏乎身不恕, 而能喻諸人者,
소 장 호 신 불 서　　이 능 유 저 인 자

未之有也. 故治國在齊其家.
미 지 유 야　　고 치 국 재 제 기 가

그러므로 군자는 자기가 먼저 한 뒤에야 남에게 하도록 요구할 수 있고, 자기가 먼저 하지 않는 다음에야 남에게 하지 않도록 요구할 수 있다. 자기 몸에 너그러움이 없이 남을 깨우치는 사람은 아직 없다. 그러므로 나라를 다스리는 것이 자기 집안을 바로잡음에 있다.

≫ 군주가 높은 덕으로 솔선수범할 때 백성들이 따르게 된다.

• 유저기有諸己: 자기에게 있고, 자기가 할 수 있는 것을 가리킴.
• 서恕: (마음속에 있는 것이) 너그럽다, 관대하다.
• 유喩: 똑똑히 알려주다.

오직 백성을 위하여

당나라 태종은 항상 대신들과 정사를 논의하였고, 그가 통치하는 동안 나라는 매우 빠르게 발전하였다. 그는 대신들에게 이렇게 말했다.

"수나라 양제가 보위에 있을 때는 미녀들과 진주보석으로 가득 찼는데도 만족을 모르고 늘 동서남북으로 분주히 쫓아다니며 재물을 긁어모았다. 이에 백성들은 질곡에 허덕였고, 오래지 않아 수나라는 멸망하고 말았다. 내가 아침부터 저녁 늦게까지 정사에 바쁜 것은 오직 천하가 태평하고 백성들이 편하게 살면서 즐겁게 일하도록 하기 위함이다. 나라를 다스리는 것은 마치 나무를 심는 것과 같아서 뿌리가 흔들리지 않아야 무성하게 자랄 수 있는 것이다. 만약 제왕이 백성을 위해 근심한다면, 백성들이 어찌 편하고 일하는 것이 즐겁지 않겠는가?"

대신들은 태종의 말에서 치국의 이치를 깨닫고, 백성을 위해 일하는 것이 중요함을 알게 되었다.

백성의 마음을 알아주는 것

所謂平天下在治其國者,
소 위 평 천 하 재 치 기 국 자

上老老而民興孝, 上長長而民興弟,
상 노 로 이 민 흥 효　　상 장 장 이 민 흥 제

上恤孤而民不倍.
상 휼 고 이 민 불 배

是以君子有絜矩之道也.
시 이 군 자 유 혈 구 지 도 야

　이른바 온 세상을 평화롭게 하는 것이 그 나라를 다스리는 데 있다는 것은, 위에서 노인을 노인으로 섬기면 백성들이 효도를 하고, 위에서 어른을 어른으로 섬기면 백성들이 공경하는 마음을 일으키며, 위에서 외로운 사람을 보살피면 백성들이 저버리지 않는다는 것이다. 그러므로 군자에게는 혈구지도(자기 마음을 미루어 남의 마음을 헤아리는 도덕상의 법도)가 있다.

▶▶ 군주는 반드시 백성을 위해 근심하고, 백성의 마음을 헤아릴 줄 알아야 한다.

- 상上: 위에 있는 사람, 즉 임금.
- 노로老老: 노인을 존경하다.
- 장장長長: 윗사람을 존경하다, 어른을 존경하다.
- 휼恤: 그 입장이 되어 생각해 주다, 그 처지를 동정하다.
- 배倍: 배반하여 버리다, 파기하다.
- 혈구지도絜矩之道: 자기 마음을 미루어 남의 마음을 헤아리는 도덕상의 법도.(혈구: 곱자로 재다)

엄격하고 까다로운 법률은 가라

진나라 말년, 유방은 진나라 군을 격파한 후 군사를 이끌고 파수瀘水 상류로 갔다.

유방은 민심을 얻기 위해 많은 원로들과 호걸들을 모아놓고 그들에게 다음과 같이 선포하였다.

"진나라의 엄격한 형벌과 까다로운 법률은 여러분을 옭아매고 해쳤으니 반드시 없애야 합니다. 이세 나는 신나라의 엄격한 법률을 폐하고 여러분과 다음 세 가지 법률을 약정할 것인데 이것은 그 누구를 막론하고 모두 준수해야 합니다."

첫째, 살인자는 처형한다.

둘째, 남을 해친 자는 죄를 지고 벌을 받는다.

셋째, 절도한 자는 죄인으로 판정한다.

모인 사람들은 유방의 약법約法 3장을 듣고 모두 찬성하였다. 유방은 부하들을 각 현과 각 향 방방곡곡에 파견하여 약법 3장을 선전하게 했다.

이 약법 3장의 조치로 그는 백성들의 신임과 지지를 받았고, 마침내 천하를 얻어 서한을 건국할 수 있게 되었다.

백성의 마음이 떠나면 나라도 잃게 된다

詩云, 殷之未喪師, 克配上帝.
시운 은지미상사 극배상제

儀監于殷, 峻命不易.
의감우은 준명불이

道得衆則得國, 失衆則失國.
도득중즉득국 실중즉실국

《시경》에 이르기를 '은나라가 민심을 잃지 않았을 때는 상제의 명령에 순응하였다네. 마땅히 은나라를 거울삼을지니 천명을 따르기가 쉬운 일이 아니로다' 하였다. 민심을 얻으면 나라를 얻고, 민심을 잃으면 나라를 잃는 것이다.

>> 나라를 다스림에 있어서 가장 우선하는 것은 천명에 순응하여 민심을 얻는 것이다.

- 은殷: 은나라(상나라).
- 상사喪師: 민중을 잃다.
- 극克: 능히.
- 배配: 부합되다.
- 의儀: 응답하다.
- 감監: 경계하다, 거울삼다.
- 준명峻命: 천명을 말함.

내가 인물을
알아봤지

춘추시대 제나라에서는 상공이 어리석고 무능하여 피살되자, 새로운 군주를 세워야 했다. 상공에게는 공자 규와 소백 두 형제가 있었다. 두 공자는 부왕이 피살되었다는 소식을 듣자 급히 귀국하여 왕위를 쟁탈하려 했다. 제나라로 돌아가는 길에 공자 규를 보좌하는 관중이 공자 소백에게 활을 쏘았으므로, 규는 소백이 죽은 줄로 알았다. 그런데 뜻밖에도 소백은 죽기는커녕 오히려 포숙아의 꾀로 지름길로 먼저 제나라 도성에 도착하여 환공이라는 이름으로 왕위에 올랐다.

그 후 포숙아는 환공에게 관중을 재상으로 추천하였다. 환공은 포숙아의 뜻을 헤아려 대담하게 관중을 중용하였다. 이렇게 재상이 된 관중의 보좌로 환공은 제나라를 더욱더 부강하게 만들고 발전시켰다.

어질고 총명한 인재를 먼저 등용한다

見賢而不能舉, 舉而不能先, 命也.
견 현 이 불 능 거   거 이 불 능 선   명 야

見不善而不能退, 退而不能遠, 過也.
견 불 선 이 불 능 퇴   퇴 이 불 능 원   과 야

好人之所惡, 惡人之所好,
호 인 지 소 오　　오 인 지 소 호
是謂拂人之性, 菑必逮夫身.
시 위 불 인 지 성　　재 필 체 부 신

　어질고 총명한 인재를 보고도 등용하지 못하고, 등용하더라도 남보다 먼저 등용하지 못하는 것은 태만한 것이다. 올바르지 않은 사람을 보고도 물리치지 못하고, 물리치더라도 멀리하지 못하는 것은 잘못이다. 남이 싫어하는 것을 좋아하고, 남이 좋아하는 것을 싫어하는 것, 이것을 가리켜 인간의 본성을 어긴다고 하니, 반드시 그 몸에 재앙이 미치게 된다.

≫ 현명한 사람과 올바른 사람을 등용하고, 올바르지 못한 사람은 멀리해야 재앙을 피할 수 있다.

- 현賢: 현자賢者. 어질고 총명한 사람.
- 거擧: 등용하다.
- 불능선不能先: 먼저 하지 못하다.
- 퇴退: 물리치다, 파면하다.
- 명命: 만만慢의 오자라는 견해가 있음. 여기서는 '태만하다, 경솔하다'의 뜻으로 쓰임.
- 불拂: 위배하다.
- 체逮: 이르다, 미치다.
- 부夫: 지시어. '그'의 의미를 가짐.

진언을 듣지 않은
결과

서주의 군주였던 려왕은 사치를 좋아하고 포악하며 주관 없이 남의 말을 잘 듣는 경솔한 성격을 가진 인물이었다. 폭정을 견디다 못한 백성들이 분분히 일어나 그를 질타하기 시작했다. 그러자 그는 머리끝까지 화가 치밀어 올라 즉시 박수(남자 무당)를 불러 백성을 감시하게 하고, 만약 자신을 욕하는 자가 있으면 바로 잡아다가 죽이게 했다. 탄압이 심해지자 백성들은 두려움에 떨며, 감히 말을 하지 못하고 억눌려 지냈다.

소목공은 이 일을 알고 즉시 려왕에게 이렇게 말했다.

"그런 식으로 백성들의 입을 막는 것은 마치 강물을 막는 것과 같습니다. 일단 막은 둑이 터지는 날이면 그 참상은 이루 말할 수 없게 됩니다. 그렇게 막은 상태가 오랫동안 지속된다면 백성들의 원한이 쌓이고 쌓일 것이고, 언젠가 한번 터지는 날이면 그 재앙은 대단할 것입니다."

그러나 려왕은 소목공의 말을 귀담아듣지 않았다. 3년이 지난 후, 소목공의 말대로 결국 백성들의 원한이 폭발하고 말았다. 백성들은 려왕의 폭정을 뒤엎고 그를 사람 살 곳이 못되는 체彘 지방으로 추방시켰다.

군자에게는 대도가 있다

是故君子有大道, 必忠信以得之,
시 고 군 자 유 대 도   필 충 신 이 득 지
驕泰以失之.
교 태 이 실 지

그러므로 군주에게는 큰 도리가 있으니, 반드시 충성과 신뢰로써 하면 천명을 얻고, 교만과 방자함으로 하면 천명을 잃어버리게 된다.

>> 나라를 다스림에 있어서 반드시 충성과 신의로써 해야 한다.

- 시고是故: 그러므로.
- 군자君子: 나라의 군주, 임금.
- 대도大道: 올바른 길.
- 교태驕泰: 교만하고 방자하다.

백성 무서운 줄 모르더니

상나라의 마지막 군주였던 주왕은 잔인하고 난폭하기 그지없던 인물로서 백성들은 그에 대해 뼈에 사무치는 원한을 품고 있었다. 주왕은 백성들의 재물을 빼앗아 호화로운 궁전을 짓게 하고, 그곳에 백성들로부터 긁어모은 재물과 금은보화를 쌓아놓게 하였다. 그리고 또 녹대鹿臺라는 커다란 창고를 지어 거기에 백성들의 양식을 수탈하여 쌓아 두었다. 그리하여 도저히 살아갈 수가 없게 된 백성들이 들고 일어나 반항하면, 그는 군대를 파견하여 잔인하게 진압하곤 하였다.

그리하여 백성들의 원성이 극에 달했을 때, 주나라 무왕武王이 여상 강태공과 함께 군사를 일으켜 상나라를 멸망시켰다. 무왕에게 패배한 주왕은 녹대에 불을 지르고 그 속에서 스스로 불에 타 죽었다고 전한다.

인자는 재물을 나누어 덕행을 실천한다

仁者以財發身, 不仁者以身發財.
인 자 이 재 발 신   불 인 자 이 신 발 재

어진 사람은 재물로써 몸을 일으키고, 어질지 못한 사람은 몸으로써 재물을 일으킨다.

>> 어진 사람과 어질지 못한 사람은 재물에 대해 완전히 상반되게 반응한다. 이는 어진 사람은 재물을 나누어 덕을 쌓고, 어질지 못한 사람은 욕심을 내어 몸을 망쳐가면서까지 재물을 모은다는 것이다.

- 이以: ~의거하다. ~에 의해.
- 발發: 완벽하게 하다, 발달하다.

왕이 굶어 죽다니!

춘추시대 제나라 왕이었던 환공은 재상인 관중을 무척 존경하고 신임하였다. 어느 날, 관중이 병이 들어 위독하다는 소식을 듣고 환공이 친히 병문안을 갔다. 그 자리에서 그는 관중에게 특별히 부탁할 일이 있으면 말해보라고 했다. 그러자 관중이 말했다.

"폐하께서는 역아, 수조, 개방 이 세 사람을 멀리 하셔야 합니다."

그들은 평상시 환공을 극진히 공경하는 사람들인지라 그는 관중이 무엇 때문에 그런 말을 하는지 의아해했다.

"수조는 스스로 거세까지 하고 나를 시중들고 있는데, 그를 의심할 여지가 있다는 거요?"

"자기의 몸도 사랑하지 않는 사람이 어찌 남을 애지중지할 수 있겠습니까? 그가 그렇게 했던 것은 오직 폐하의 신임을 얻기 위함이었습니다. 그렇게까지 하여 나중에는 충언을 듣지 않는 아둔한 군주로 만들기 위함이었던 것이지요."

그제야 깨달은 환공은 온몸에 식은땀을 흘리면서 말했다.

"경은 마음 놓으시오. 당장 오늘부터 나는 그들과 내왕을 하지 않겠소!"

그러나 환공은 관중이 세상을 떠난 후 오히려 이전보다 그들과 더 가까이 지냈다. 얼마 후, 환공이 중병에 걸려 자리에 눕게 되자, 그들 세 사람은 환공을 궁에 가두어 버렸다. 처음에는 매일 밥을

날라다 먹였지만, 그 후로는 아예 밥도 주지 않았다. 결국 환공은
굶어 죽고 말았다.

나라는 의로써 이로움을 삼는다

長國家而務財用者, 必自小人矣.
장 국 가 이 무 재 용 자　필 자 소 인 의
彼爲善之小人之使爲國家, 菑害並至.
피 위 선 지 소 인 지 사 위 국 가　재 해 병 지
雖有善者, 亦無如之何矣!
수 유 선 자　역 무 여 지 하 의
此謂國不以利爲利, 以義爲利也.
차 위 국 불 이 리 위 리　이 의 위 리 야

　나라의 군주가 재물에 힘씀은 소인들 때문이다. 그가 소인들이 하는 것을
도리어 잘한다고 여기고 소인들로 하여금 국가를 맡아 다스리게 하면 끝내는
모든 재앙이 한꺼번에 닥쳐와 비록 유능한 자가 있다 하더라도 역시 어찌할
수 없는 사태에 이르고 만다. 이것을 두고 나라는 의욕으로써 이로움을 삼지
않고 의리로써 이로움을 삼아야 한다.

≫ 국가의 우두머리는 인재를 등용할 때 현인과 소인을 잘 파악해야 한다. 만
약 소인을 등용하여 국가 정치를 맡긴다면 국가는 멸망을 초래하게 된다.

• 장국가長國家: 국가의 우두머리, 군주.
• 무務: 힘쓰다.
• 재용財用: 금전, 재화.
• 사使: 처리하다.
• 자自: 자기로부터
• 무여지하無如之何: 방법이 없다.

사람들은 다 자기는 지혜롭다고 말하지만,
그물과 덫이나 함정 속으로 몰아넣어도 그것을 피할 줄 모른다.
사람들은 다 자기는 지혜롭다고 말하지만,
중용을 택하여 한 달을 제대로 지켜내지 못한다.

- 《중용》 -

중용

《중용》은 공자의 손자인 자사(子思)가 지은 것으로 알려졌으며, 유가 도덕의 최고 준칙으로서 인생철학의 경전이다.

사람 따라
달라요

어느 날, 공자가 강의를 마치고 서재에 들어가니 그의 제자 공서화公西華(또는 공서적公西赤)가 찻잔을 들고 들어왔다. 이때 그의 제자 자로子路가 급하게 뛰어 들어와서 물었다.

"스승님, 만약 저에게 분명한 주장이 있다면 반드시 곧바로 가서 실행에 옮겨야 하지 않습니까?"

공자는 생각 끝에 대답했다.

"자네는 반드시 깊이 생각해 본 다음에 가서 해야 하네."

자로는 공자의 말을 듣고 조용히 걸어 나갔다.

잠시 후, 제자 염유冉儒가 들어와서 자로와 같은 질문을 하자, 공자가 대답했다.

"훌륭한 주장이 있으면 즉시 가서 해야 하네."

공서화는 같은 질문인데 상반된 대답을 해주는 스승을 보고 의아한 마음이 들었다.

"스승님, 같은 물음에 왜 서로 다른 대답을 주십니까?"

그러자 공자가 다음과 같이 설명했다.

"자로는 일을 경솔하게 처리하기에 몇 번 더 생각한 후에 일을 하도록 당부한 것이고, 염유는 우유부단하여 주저하기에 과감하게 추진하도록 고무해 준 것이다."

하늘이 명하여 준 것을 본성이라 한다

天命之謂性, 率性之謂道, 脩道之謂敎.
천 명 지 위 성   솔 성 지 위 도   수 도 지 위 교

道也者, 不可須臾離也, 可離, 非道也.
도 야 자   불 가 수 유 리 야   가 리   비 도 야

하늘이 명하여 준 것을 본성이라 하고, 본성을 따르는 것을 도라 하며, 도를 다듬는 것을 교라 한다. 도는 잠시도 벗어날 수 없는 것이니, 벗어날 수 있다면 그것은 도가 아니다.

》 사람은 저마다 타고난 본성을 따르고 그것을 다듬으며 살아야 한다.

- 천명天命: 천부적인 것, 선천적인 것.
- 성性: 천성, 본성.
- 솔率: ~에 따라, ~에 근거하여.
- 도道: 길, 여기서는 규율, 법칙의 뜻으로 쓰였다.
- 수脩: 修와 같은 의미. 일반적으로 '닦다'라는 뜻으로 쓰이지만, 여기서는 '다 듬다'의 의미로 쓰였다.
- 교敎: 교화.
- 수유須臾: 순간, 잠시. 아주 짧은 시간을 가리킴.

우 임금의 치수

고대에 황화 유역은 홍수가 자주 범람하여 농작물이 물에 잠기고 집이 무너지며 백성들은 가정을 잃었다.

곤(鯀: 우 임금의 아버지)은 9년 동안 황하 물을 다스렸지만 수해는 더욱 심해졌다. 그 후 곤의 아들 우禹가 황하 물을 다스렸다. 우는 아버지와 전혀 다른 방법을 썼다. 그는 강물을 막는 것이 아니라 자연의 이치에 순응하여 도랑을 파서 물을 빼고 물길을 소통시켜서 바다로 흘러들어가게 했다.

우는 백성들과 함께 30여 년간 노력한 끝에 마침내 황하의 홍수를 다스렸다. 그리하여 백성들은 농사를 짓게 되었고, 집을 짓고 가정을 꾸려 풍족한 생활을 누리게 되었다. 사람들은 그를 존경하는 한편 그의 공적을 기념하여 '대우大禹'라고 불렀다.

중中과 화和를 극진히 하라

喜怒哀樂之未發，謂之中，
희 노 애 락 지 미 발　위 지 중

發而皆中節，謂之和.
발 이 개 중 절　위 지 화

中也者，天下之大本也，
중 야 자　천 하 지 대 본 야

和也者, 天下之達道也.
화 야 자　　천 하 지 달 도 야

致中和, 天地位焉, 萬物育焉.
치 중 화　　천 지 위 언　　만 물 육 언

기쁘고 노엽고 슬프고 즐거운 감정이 아직 나타나지 않은 것을 중中이라 하고, 그것이 나타나서 모든 법도에 맞는 것을 화和라 한다. 중은 천하의 큰 근본이고, 화는 세상 어디에나 통하는 도이다. 중과 화를 극진히 하면 천지가 제자리를 잡고, 만물이 잘 길러진다.

≫ 중화의 덕이 지극한 경계에 이르면 천지의 만물은 제자리를 잡고 잘 자라게 된다.

- 발發: 나타나다, 표현되다.
- 중中: 어느 한쪽으로도 치우치지 않다, 공정하다.
- 중절中節: 적합한 법도.
- 화和: 잘 어울리다, 조화하다, 맞다.
- 치致: 도달하다.
- 위位: 맞게 제자리에 놓이다.
- 육育: 자라다, 기르다, 양육하다.

우리 스승님, 봄바람 닮으셨네

정호는 북송의 유명한 철학가이자 교육가로서 품행이 고상한 인격자였다. 그의 수제자들은 스승의 언행에서 진정한 군자의 풍모와 재능을 감지하곤 하였다. 그들은 '스승님과 함께 있으면 일종의 봄바람이 얼굴을 스쳐 지나가는 느낌이 있다!'고 말하였다.

여주汝州에서 정호로부터 한 달 남짓 강의를 들은 주광정은 집으로 돌아간 뒤, 사람들을 만날 때마다 그 감동을 되새기며 스승을 자랑하였다.

"마치 봄바람에 싸여 한 달 동안 앉아 있던 것 같다."

정호는 젊은 나이에 관직을 얻어 조정에 들어갔으나, 왕안석과 정치적 견해가 맞지 않는다는 이유로 자청하여 관직을 사직하고 지방관이 되었다. 그러나 그에 대해 왕안석은 이렇게 말했다.

"그는 나의 치국의 도리를 이해하지 못했지만, 충성스럽고 믿을 수 있는 사람이다."

군자는 중용의 도를 따른다

仲尼曰, 君子中庸, 小人反中庸.
중 니 왈   군 자 중 용   소 인 반 중 용
君子之中庸也, 君子而時中,
군 자 지 중 용 야   군 자 이 시 중

小人之反中庸也, 小人而無忌憚也.
소 인 지 반 중 용 야   소 인 이 무 기 탄 야

중니(공자)께서 말씀하셨다.

"군자는 중용을 지키고, 소인은 중용을 거스른다. 군자의 중용은 군자로서 때를 따라 중도에 맞게 하는 것이고, 소인이 중용을 거스른다 함은 소인배로서 거리낌 없이 제멋대로 행동한다는 것이다."

>> 중용에 대한 군자와 소인의 태도는 완전히 다르다.

- 중니仲尼: 공자의 자字. 이름은 '구丘'이다.
- 중용中庸: 어느 한 쪽으로도 치우치지 않는다는 뜻으로, 유교 최고의 도덕 표준이다.
- 시時: 수시로.
- 반反: 위배하다. 반대로.
- 기탄忌憚: 꺼리고 두려워하다.

뱀에게 웬 발?

어느 날, 초나라의 한 귀족이 조상들에게 제사를 지내고 나서 하인들에게 술 한 주전자를 주어 마시게 했다. 그런데 사람 수는 많고 술은 적어서 나누어 먹기가 쉽지 않았다. 그러자 한 사람이 제안을 했다.

"고작 한 주전자인데, 여럿이 나눠 마시면 간에 기별이나 가겠나? 우리 땅바닥에 뱀 그리기 내기를 해서 제일 먼저 그린 사람이 한 주전자를 다 마시도록 하는 게 어떻겠나?"

모두 그의 의견에 찬성했다. 말이 끝나기 바쁘게 한 사람이 눈 깜짝할 사이에 뱀을 다 그리더니 술 주전자를 낚아챘다. 그리고 나서 다른 한 손에 나뭇가지를 쥐고는 자기가 그린 뱀 몸통에 잽싸게 다리를 그려 넣었다. 그때였다. 뱀을 다 그린 다른 한 사람이 그의 손에서 재빨리 술 주전자를 빼앗아 가며 말했다.

"이 사람아, 뱀한테는 발이 없잖은가? 그러니 이건 뱀이 아니지. 사실상 뱀을 제일 먼저 그린 사람은 나니까, 이 술은 내 것일세!"

그러더니 그는 주전자에 있는 술을 다 마셔버렸다.

도를 행하지 못하는 까닭

子曰, 道之不行也, 我知之矣,
자 왈   도 지 불 행 야   아 지 지 의

知者過之, 愚者不及也.
지 자 과 지 　 우 자 불 급 야

道之不明也, 我知之矣,
도 지 불 명 야 　 아 지 지 의

賢者過之, 不肖者不及也.
현 자 과 지 　 불 초 자 불 급 야

人莫不飲食也, 鮮能知味也.
인 막 불 음 식 야 　 선 능 지 미 야

공자께서 말씀하셨다.

"도를 행하지 않는 까닭을 나는 안다. 지혜로운 자는 이를 안다고 지나치고, 어리석은 사람은 그것에 다다르지 못하기 때문이다. 도가 밝혀지지 않는 까닭을 내가 안다. 현자라는 사람은 지나쳐 버리고, 못난 사람은 그것에 다다르지 못하기 때문이다. 마시고 먹지 않는 사람이 없으나, 맛을 잘 아는 사람은 드물다."

≫ 중용의 도는 지나치거나 모자람이 없이 공정해야 한다.

• 도道: 중용의 도를 말함.
• 행行: 행하다, 실천하다.
• 과過: 지나쳐버리다.
• 불초자不肖子: 현명하지 못한 사람.
• 선鮮: 매우 적다, 드물다.

순 임금의 인품

순은 상고시대, 연맹이라는 부락의 수령이었다. 그는 젊었을 때, 역산이라는 곳에서 농사를 지었다. 그 당시 부락의 농부들은 농사 지을 땅을 차지하려고 서로 다투었다. 그것을 보고 순은 자기 밭을 남에게 양보하였다. 농부들은 순의 덕행에 감동되어 그 후로 두 번 다시 땅을 두고 다투지 않았다.

뇌택에 사는 부락민들이 물고기를 잡는데, 장정들이 늘 물고기가 많은 좋은 자리를 먼저 차지하는 바람에 쇠약한 노인들은 고기를 거의 잡을 수가 없었다. 순은 이런 사정을 알고 물이 깊고 물고기가 많은 곳을 노인들에게 넘겨주고, 자기는 물이 얕은 곳에 가서 잡았다.

사람들이 그런 순의 행동에 감동하여 서로 좋은 곳을 양보하면서 의지할 데 없는 사람들을 잘 돌봐주기 시작하였다.

순 임금은 큰 지혜자이다

子曰, 舜其大知也與!
자왈　순기대지야여
舜好問而好察邇言,
순호문이호찰이언

隱惡而揚善, 執其兩端,
은 악 이 양 선　집 기 양 단
用其中於民, 其斯以爲舜乎!
용 기 중 어 민　기 사 이 위 순 호

공자께서 말씀하셨다.

"순 임금은 참으로 지혜로운 분이시로구나! 순 임금은 묻기를 좋아하고, 평범한 말도 살피기를 좋아하셨지만, 나쁜 점은 숨기고 좋은 점은 드러내 밝히셨으며, 양 극단을 잡으시고 중용의 도를 백성들에게 쓰셨으니, 이것이 바로 순 임금이 되신 까닭이로다!"

≫ 순은 중용으로 백성을 슬기롭게 다스렸던 천자이다.

• 순舜: 상고시대의 제왕. 효행이 뛰어나 요堯임금으로부터 천하를 물려받았다.
• 대지大知: 매우 높은 지혜.
• 여與: 감탄을 나타내는 조사.
• 이언邇言: 평범한 말.
• 집執: 틀어쥐다.
• 사斯: 이것.

총명이 죄?

조조가 한중에 있는 유비를 공격하는데, 군대를 성안으로 진입시키자니 성을 공격하지 못할 것 같고, 후퇴하자니 비웃음을 살 것 같아서 결단을 내리지 못하고 망설이고 있었다. 하루는 한 부하가 닭고기 국을 한 사발 가져왔는데, 국 사발에 닭갈비가 들어 있었다. 조조는 그것을 보고 한참 동안 생각에 잠겨 있었다. 이때 한 병사가 들어와서 그에게 군호를 정해 줄 것을 청했다. 조조는 서슴없이 '계륵'이라고 대답했다.

양수가 그 군호를 듣고 수행하는 군사를 후퇴시키려고 했다. 그러자 장병들이 그 이유를 물었다. 양수가 대답했다.

"조공께서는 후퇴할 것을 이미 결정하셨다. 계륵은 먹자니 보잘 것 없고, 버리자니 아까운 것이다. 지금 진격해봐야 이기지 못할 것이고, 후퇴하자니 남들이 비웃을 것이다. 그렇다고 계속 여기에 머물러 봤자 득 될 것이 하나도 없다. 그러니 일찍 집으로 돌아가는 게 상책인 것이다."

양수가 후퇴할 준비를 하는 것을 보고 조조는 놀랐다. 조조는 일찍부터 양수의 재주와 기량을 시기해 오던 판에, 그가 자기의 심리를 꿰뚫어 보자 더 이상 참을 수가 없었다. 그는 군심을 어지럽혔다는 죄명을 씌워 양수를 죽여 버렸다.

사람들은 다 자신은 지혜롭다고 말한다

子曰, 人皆曰予知,
자 왈   인 개 왈 여 지

驅而納諸罟攫陷阱之中, 而莫之知辟也.
구 이 납 저 고 확 함 정 지 중   이 막 지 지 피 야

人皆曰予知, 擇乎中庸而不能期月守也.
인 개 왈 여 지   택 호 중 용 이 불 능 기 월 수 야

공자께서 말씀하셨다.

"사람들은 다 자기는 지혜롭다고 말하지만, 그물과 덫이나 함정 속으로 몰아넣어도 그것을 피할 줄 모른다. 사람들은 다 자기는 지혜롭다고 말하지만, 중용을 택하여 한 달을 제대로 지켜내지 못한다."

≫ 지혜란 중용과 관계있기 때문에, 그 어떤 지혜라도 중용의 실천에 있어서 부족한 점이 있으면 그것은 지혜가 아니다.

• 여予: 나.
• 구驅: 몰다, 내쫓다.
• 납納: 그물을 말함.
• 고罟: 짐승을 잡는 그물.
• 확攫: 덫.
• 피辟: 도피하다, 피하다.
• 기월期月: 한 달.

뒷담화, 그게 뭔가요?

안회는 공자의 제자로서 학문이 깊을 뿐 아니라 품행이 매우 고상하여 늘 공자의 칭찬을 받았다.

한번은 무숙이라는 사람이 안회를 찾아와서 이야기를 나누는데, 말하는 품이 말끝마다 남을 질책하는 것이었다. 그러나 안회는 그의 말을 비판하지 않고, 다만 완곡하게 일깨워 주었다.

"나를 찾아줘서 매우 반갑소. 조금이나마 도움이 되셨기를 바라오. 내가 전에 한 부자에게 들은 말이 있는데, 그가 말하기를 '남을 헐뜯는 것으로 자기의 좋은 점을 보여주려 하고, 남의 사악함을 말하는 것으로 자기의 정직함을 드러내려 한다. 그러므로 도덕이 있는 사람은 일에 대해서만 말할 줄 알고, 자기의 잘못을 반성하느라 남의 잘못은 비평할 줄 모른다'고 하더군요."

무숙은 안회의 말을 듣고 부끄러워 머리를 숙였다.

좋은 도리는 꼭 잡아 잃어버리지 않는다

子曰, 回之爲人也, 擇乎中庸,
자왈 회지위인야 택호중용
得一善, 則拳拳服膺而弗失之矣.
득일선 즉권권복응이불실지의

공자께서 말씀하셨다.

"안회의 사람됨은, 중용을 택하여 한 가지 좋은 도리를 얻으면 받들어 가슴에 꼭 지니고 잃어버리지 않는다."

▶▶ 안회는 중용을 택하고 훌륭한 선을 얻으면 가슴 속에 꼭 간직해 두었다.

- 회回: 공자의 제자 안회顏回.
- 득得: 깨닫다.
- 선善: 좋은 도리.
- 권권拳拳: 단단히 틀어잡은 모양.
- 복응服膺: 마음속에 꼭 간직하다.
- 불弗: '불不'과 통함.

상금을 받아야 하는 이유

전국시대에는 여러 나라들이 항상 남의 나라를 침략해 사람을 붙잡아 와서 노예로 삼는 일이 많았다. 이에 노나라 군주가 법령을 발표했다.

"만약 어떤 사람이 다른 나라에 가서 노예로 있는 노나라 사람을 되찾아 오면 상금을 주겠다."

공자의 제자 자공이 노예 한 명을 되찾아 왔지만, 그는 상금을 타러 가지 않았다. 이 일을 공자가 알고 자공에게 말했다.

"너는 어찌하여 좋은 일을 하고도 국가의 상금을 받지 않느냐? 네가 노예를 되찾아 왔어도 상금을 받지 않으면 남들은 이런 상금을 받으면 낯 깎이는 일이라고 누구도 받으려 하지 않을 것이다. 그렇게 되면 노예를 되찾아 오는 분위기가 점점 사라질 것이다."

자공은 공자의 말을 듣고 몹시 부끄러워했다.

중용은 너무 어려워

子曰, 天下國家可均也, 爵祿可辭也,
자왈 천하국가가균야 작록가사야
白刃可蹈也, 中庸不可能也.
백인가도야 중용불가능야

공자께서 말씀하셨다.

"천하의 국가도 고루 다스릴 수 있고, 벼슬과 녹봉도 사양할 수 있으며, 날선 칼날도 밟을 수 있지만, 중용을 지키는 것은 능히 할 수 없다."

≫ 중용의 도는 지키기가 매우 어렵다.

- 균均: 고루고루 다스리다.
- 작록爵祿: 작위와 봉록.
- 사辭: 사퇴하다, 포기하다.
- 백인白刃: 흰 빛이 번쩍이는 칼날, 날선 칼날.
- 도蹈: 밟다.

군자는 우울해하거나 두려워하지 않는다

어느 날, 제자 사마우가 공자에게 물었다.

"선생님, 어떤 사람을 군자라고 부를 수 있습니까?"

"군자는 우울하지 않고 무서워하지 않는다."

공자의 말을 듣고 있던 사마우는 그 기준이 너무 낮은 것 같아서 다시 물었다.

"우울하지 않고 두려워하지 않는다면 능히 군자라고 부를 수 있습니까?"

"자기의 말과 행동을 다시 한 번 살펴보고 양심에 가책되는 일을 전혀 하지 않았다면, 우울하고 무서워하는 것이 자연히 없어지는 것이다."

능히 자기의 행위를 반성하고 우울하고 무서워함이 없는 군자의 표준이 보기에는 쉬운 것 같지만 실제로 그렇게 하나하나 실천한다는 것이 그리 만만한 일은 아니다. 그러므로 공자는 그것을 군자의 표준으로 삼았던 것이다.

행하기 어려운 군자의 도

君子之道費而隱. 夫婦之愚,
군 자 지 도 비 이 은   부 부 지 우

可以與知焉, 及其至也,
가 이 여 지 언   급 기 지 야
雖聖人亦有所不知焉.
수 성 인 역 유 소 부 지 언
夫婦之不肖, 可以能行焉,
부 부 지 불 초   가 이 능 행 언
及其至也, 雖聖人亦有所不能焉.
급 기 지 야   수 성 인 역 유 소 불 능 언

군자의 도는 쓰임이 넓으면서도 잘 드러나지 않는다. 부부의 어리석음으로
도 함께 알 수 있지만, 그 지극함에 이르러서는 비록 성인이라도 역시 알지 못
하는 바가 있다. 부부의 불초함으로도 실천할 수 있지만, 그 지극함에 이르러
서는 비록 성인이라 하더라도 행할 수 없는 바가 있다.

>> 하늘과 땅도 중용의 도를 다 지키지 못하는데, 어찌 성인이라고 중용의 도
를 다 알고 실천할 수 있겠는가.

- 비費: 쓰임이 넓다.
- 은隱: 숨다, 가리다.
- 지至: 심오한 도리.
- 불초不肖: 현명치 못하다.
- 행行: 실행하다.
- 부부夫婦: 보통 남녀, 평민, 백성.

거드름 피우더니 코가 납작해졌군

백규는 전국시대 위나라의 재상이었다. 당시 위나라로 흘러드는 황하에는 수시로 홍수가 발생하였다. 남들보다 치수에 관심이 많았던 백규는 연구 끝에 둑을 쌓아 홍수를 막는 방법을 썼다. 그 방법이 치수에 약간의 효과가 있었다.

어느 날, 그는 맹자를 만나자 거드름을 피우며 이렇게 말했다.

"나의 치수 능력은 우 임금을 능가하오!"

맹자가 듣고 서슴없이 말했다.

"당신은 자기 나라의 안전만 생각해서 하류에 있는 나라로 물을 빼돌려 남의 나라에 수해를 끼쳤소. 많은 사람들마다 당신을 원망하는데, 당신은 그것이 문제 해결의 좋은 방법이라고 장담하시오?"

백규는 맹자의 말을 듣고 한 마디도 대꾸하지 못했다.

내가 싫어하는 건 다른 사람도 싫어하는 법

忠恕違道不遠, 施諸己而不願,
충 서 위 도 불 원   시 저 기 이 불 원

亦勿施於人.
역 물 시 어 인

충과 서는 도에서 어긋남이 멀지 않으니, 자신이 하기를 원하지 않는 것은 다른 사람에게도 하지 말아야 한다.

≫ 충서는 도에서 가까우므로 자신이 하기를 원하지 않는 일은 남에게도 시키지 말아야 한다.

• 충서忠恕: 충실하고 동정심이 많다.
• 위도違道: 도와 떨어지다, 어긋나다.
• 역亦: 또, 역시.
• 물勿: 하지 않다.

매 순간 말조심, 행동 조심

곽광은 서한의 명신으로서 행동 하나하나에 몹시 조심하였다. 그는 대부로 임명된 후, 한나라 무제가 행차할 때마다 늘 그를 수행하면서 무슨 일이 발생하든지 신중히 살피고 판단한 뒤에야 보고하였다. 그리고 무제가 어떤 문제를 제기하면 특별히 더 조심하여 쓸데없는 말은 한 마디도 하지 않았다.

그는 무제를 20여 년간 보좌했지만, 언제나 말과 행동을 조심하였기에 그 어떤 착오도 없었다. 그런 까닭에 무제는 그를 총애하고 더없이 신임하여 대사마대장군에 책봉하였다.

무제가 죽은 후, 곽광은 소제를 보좌하여 한나라의 국력을 더욱 부강하게 하였다. 그리하여 백성들은 의식衣食이 늘 풍족하였다.

말과 행동이 일치하는 사람이라야 군자다

庸德之行, 庸言之謹, 有所不足,
용 덕 지 행　　용 언 지 근　　유 소 부 족
不敢不勉, 有餘不敢盡.
불 감 불 면　　유 여 불 감 진
言顧行, 行顧言, 君子胡不慥慥爾.
언 고 행　　행 고 언　　군 자 호 불 조 조 이

중용의 덕에 맞게 행동하고, 중용의 이치에 맞는 말을 하도록 조심하며, 부족함이 있으면 감히 힘쓰지 않을 수 없고, 넘침이 있으면 감히 다하지 않는다. 말은 행동을 돌아보고 행동은 말을 돌아보나니, 군자가 어찌 독실하지 않을 수 있겠는가?

≫ 언행이 일치한 군자는 언제나 성실하게 일을 한다.

• 용庸: 일정一定하여 변變하지 아니하다.
• 근謹: 신중하다.
• 면勉: 근면하다, 부지런하다.
• 고顧: 보살핌이 구석구석까지 미치다.
• 호胡: 어찌.
• 조조慥慥: 언행이 온후하고 독실한 모양.

두보, 가난을
시로 지어 즐기다

두보는 한나라 조정에서 관리로 일하다가, 관직을 버린 후 가족을 데리고 성도에 가서 살았다.

어느 날, 몇몇 친구들이 두보 집으로 찾아왔으나 집안 살림이 형편없이 가난하여 친구들에게 대접할 것이 변변치 못했다. 잠시 후, 두보의 아내가 요리를 차려 왔다. 첫 그릇에는 볶은 부추에 계란 노른자위가 올려 있었고, 두 번째 그릇에는 볶은 부추 위에 계란 흰자위가 놓여 있었다. 세 번째 그릇에는 찐 콩비지가, 그리고 마지막 그릇에는 부추 위에 비지를 넣은 국이 담겨 있었는데, 그 위에는 흰 계란 껍데기 두 개가 띄워져 있었다. 두보는 채소와 국을 가리키면서 시를 읊었다.

꾀꼬리 한 쌍은 푸른 버들에서 우짖고
백조는 열을 지어 푸른 하늘로 오르네.
들창은 서령의 천추백설을 품고
문밖 동오 만 리에는 배가 정박해 있네.

시를 들은 친구들은 문득 깨닫고 손뼉을 치며 찬사를 아끼지 않았다.

군자는 상황을 탓하지 않는다

君子素其位而行, 不願乎其外.
군자소기위이행   불원호기외

素富貴, 行乎富貴, 素貧賤, 行乎貧賤,
소부귀   행호부귀   소빈천   행호빈천

素夷狄, 行乎夷狄, 素患難, 行乎患難.
소이적   행호이적   소환난   행호환난

君子無入而不自得焉.
군자무입이불자득언

군자는 자신의 처지에 맞게 행동하고, 그 밖의 것은 원하지 않는다. 부귀한 처지에 처하면 부귀에 맞게 행동하고, 빈천한 처지에 처하면 빈천함에 맞게 행동하며, 오랑캐에 처하면 오랑캐에 맞게 행동하고, 환난을 당하면 환난에 맞게 행동한다. 그러므로 군자는 어떤 상황에 처하더라도 스스로 득의하지 않음이 없다.

>> 군자는 어떠한 상황에 처하든지 거기에 맞추어 행동한다.

• 소素: ~을 바탕으로, ~에 근거해서. '지금 있는 그 처지'의 뜻.
• 원願: 원하다, 부러워하다.
• 이적夷狄: 당시의 소수민족, 오랑캐.
• 무입無入: 어떠한 처지이든 막론하고.

두 승려 이야기

옛날 사천 변경에 두 승려가 있었는데, 한 승려는 가난했고 다른 한 승려는 부유했다. 하루는 부자 승려가 가난뱅이 승려에게 물었다.

"나는 남해에 가려 하는데, 스님은 어떻게 생각하시오? 무엇에 의지해서 가시겠소?"

"나는 물 한 병과 밥사발 하나면 되오."

가난뱅이 승려의 대답에 부자 승려는 웃으며 말했다.

"나는 지금까지 몇 년 동안 줄곧 배 한 척을 구해서 그곳으로 가려 했지만 가지 못하고 있소. 그런데 겨우 물병 하나와 밥사발 하나로 어떻게 그 멀고 먼 곳에 갈 수 있단 말이오?"

2년 후, 가난뱅이 승려가 남해에서 돌아왔다. 이 소식을 들은 부자 승려는 몹시 부끄러워했다. 가난뱅이 승려는 수천 리나 되는 그 먼 곳을 벌써 갔다가 돌아왔는데, 부자인 자신은 아직 출발도 하지 못했기 때문이었다.

천 리 길도 한 걸음부터

君子之道, 辟如行遠必自邇,
군 자 지 도   비 여 행 원 필 자 이

辟如登高必自卑.
비 여 등 고 필 자 비

군자의 도는 비유하건대 먼 곳을 가려면 반드시 가까운 곳에서부터 출발하고, 높은 곳에 오르기 위해서 반드시 낮은 곳에서 시작하는 것과 같다.

>> 도는 반드시 사람들로부터 가까운 곳에서부터 실행해야 한다.

- 비辟: 예컨대, 비유하건대.
- 이邇: 가까운 곳, 근처.
- 비卑: 낮은 곳.

당신을 공경하오

춘추시대 진나라의 대신 주예가 죄를 지어 죽게 되자, 그의 아들 극결도 평민으로 추락하여 농사를 지으며 살아갔다. 무더운 여름에 밭에서 김을 매는데, 점심때가 되자 그의 아내가 점심을 가져왔다. 아내가 그에게 점심밥을 공경을 담아 바치면, 그는 고맙게 받았다. 비록 변변치 않은 음식이었지만, 두 사람은 아주 맛있게 먹었다.

그때 길을 가던 진나라 대신 서신이 그 장면을 보고 감동하여 말했다.

"부부간에 이렇게 서로 존경하고 사랑하는 사람이야말로 바로 도덕이 있는 사람이다."

서신은 다가가서 극결과 두 손을 부여잡고 이야기를 나누면서 그가 나라를 다스릴 수 있는 능력을 갖춘 인재임을 알게 되었다. 조정으로 돌아간 서신은 진나라 문공에게 극렬을 적극 추천하였다.

부모님이 안락하시겠네

詩曰, 妻子好合, 如鼓瑟琴. 兄弟旣翕,
시왈 처자호합   여고슬금   형제기흡
和樂且耽. 宜爾室家, 樂爾妻帑.
화락차탐   의이실가   낙이처노

子曰, 父母其順矣乎!
자 왈 부 모 기 순 의 호

《시경》에 이르기를, '처자와 잘 화합하는 것이 거문고, 비파를 타는 것 같고, 형제가 이미 화합하여 화락하고 즐겁구나. 네 집안을 화목하게 하고, 네 처자식을 즐겁게 하라'고 하였다.

공자께서 말씀하셨다.

"너의 부모님이 안락하시겠구나!"

≫ 중용의 도를 실천하는 것은 집안의 화목으로부터 출발해야 한다.

• 처자妻子: '아내와 자식'의 의미도 있고, '아내'만을 지칭하기도 한다.
• 호합好合: 화목하다.
• 흡翕: 융합하다.
• 탐耽: 안락하다.
• 의宜: 화목하게 하다.
• 이爾: 너의, 당신의.
• 노帑: 아들, 딸.
• 순順: 순탄하다, 안락하다.

관직을 포기하고
어머니를 봉양하다

진나라 하양 땅에 반악이라 부르는 현령이 있었다. 그는 효성이 지극하여 아버지가 세상을 뜨자 어머니를 자기가 임직하고 있는 곳으로 모셔다가 공양하였다. 날씨가 좋을 때는 어머니를 부축하여 산림을 거닐면서 수목과 화초를 구경시켜 드렸다. 그러다가 어머니가 병으로 눕게 되자, 관직을 포기하고 어머니와 함께 고향으로 돌아갔다. 반악의 상관이 그의 귀향을 만류하자, 그는 이렇게 말했다.

"만약 제가 부귀를 탐하여 어머니를 모시지 않는다면, 과연 아들이라 할 수 있겠습니까?"

이에 상관은 크게 감동하였다.

고향에 돌아온 후, 어머니의 병은 점점 호전되어 갔다.

반악은 가정 형편이 어려워 농사를 지으면서 양도 길렀다. 반악은 매일 양젖을 짜서 어머니께 드리곤 하였다. 아들의 극심한 보살핌 덕분에 어머니는 만년을 행복하게 지냈다.

효의 지극함에 대하여

踐其位, 行其禮, 奏其樂,
천 기 위　　행 기 례　　주 기 악

敬其所尊, 愛其所親,
경 기 소 존 애 기 소 친

事死如事生, 事亡如事存, 孝之至也.
사 사 여 사 생 사 망 여 사 존 효 지 지 야

선조의 자리에 올라 그가 했던 예를 행하고, 그가 했던 음악을 연주하며, 그가 높이던 바를 공경하고, 그가 가까이했던 바를 사랑하며, 돌아가신 이를 살아있는 이 섬기듯 하고, 없는 이를 있는 분 섬기듯 하는 것이 효의 지극함이다.

≫ 선대의 뜻을 받들어 행하며, 돌아가신 조상을 살아계신 이처럼 섬기는 것이 효의 지극함이다.

• 기其: '선조先祖'를 가리킴.
• 위位: 자리, 패위.
• 사事: 섬기다.
• 망亡: 죽어서 없는 사람.
• 지至: 정점, 극치.

구름을 바라보며 어버이를 그리워하다

당나라의 충신 적인걸은 어릴 때부터 집안이 가난하였지만, 부모에게 효도하고 벗들을 존경하였으며 부지런히 배우기를 좋아하여 훗날 마침내 어진 신하가 되었다.

어느 날, 그가 순찰하러 나갔다가 태행산 정상에 올라서서 흰 구름이 산 사이를 떠도는 정경을 바라보면서 수행인들에게 말했다.

"나의 부모가 바로 저 흰 구름 밑에서 살고 계신다!"

그는 이렇게 감개무량하면서 산 너머 멀리 계시는 부모님을 그리워했다.

그 후 사람들이 이런 적인걸의 행적을 알게 되면서부터 '구름을 바라보며 어버이를 그린다'는 명담이 전해지기 시작하였다.

인仁은 사람다움이다

仁者, 人也, 親親爲大.
인 자　인 야　친 친 위 대

義者, 宜也, 尊賢爲大.
의 자　의 야　존 현 위 대

親親之殺, 尊賢之等, 禮所生也.
친 친 지 쇄　존 현 지 등　예 소 생 야

어짊은 사람다움이니 친족을 가까이함이 크다. 의는 마땅함이니 어진 이를 높이는 것이 크다. 친족을 친애하여 격이 없어지는 것과 현자를 높이되 차등을 두는 것, 이것이 예가 생겨난 까닭이다.

>> 인의에서 예가 생겨나고 효가 덕을 닦는다.

- 친친親親: 친한 사람(친족)을 사랑한다.
- 의宜: 적당하다, 적절하다.
- 쇄殺: 줄이다, 덜다.
- 등等: 등급.

배우기를 좋아하는 것

한유는 당나라의 유명한 문학가이다. 그는 세 살 때 아버지가 돌아가셔서 형과 형수 밑에서 자랐다. 한유는 어렸을 때부터 뜻을 세우고 배움에 임하여 배운 것만큼 성과가 뚜렷하였다.

한유는 매일 천여 자가 되는 문장을 읽고 숙련이 되도록 외우기까지 했다. 그는 이렇게 1년 365일을 부지런히 책을 읽었으며, 좀처럼 게으름을 피우지 않았다.

그가 성인이 되었을 때는 역사 저작과 제자백가 등의 학설에 이미 정통하였다. 그는 일생 동안 피곤을 모르고 힘껏 공부하였기에 끝내는 중국 역사에 빛나는 문학가가 되었다.

이 세 가지를 알면

子曰, 好學近乎知, 力行近乎仁,
자왈　호학근호지　역행근호인

知恥近乎勇.
지치근호용

知斯三者, 則知所以修身,
지사삼자　즉지소이수신

知所以修身, 則知所以治人,
지소이수신　즉지소이치인

知所以治人, 則知所以治天下國家矣.
지소이치인　즉지소이치천하국가의

공자께서 말씀하셨다.

"배우기를 좋아하는 것은 지혜에 가깝고, 노력하여 행하는 것은 인(어짊)에 가까우며, 부끄러움을 아는 것은 용기에 가깝다. 이 세 가지를 알면 몸 닦는 법을 알게 되고, 몸 닦는 법을 알게 되면 곧 사람을 다스리는 방법을 알며, 사람 다스리는 법을 알면 곧 천하와 국가를 다스리는 법을 알게 될 것이다."

≫ 지知, 인仁, 용勇이 평천하의 근본이 되는 수신의 길이다.

- 호好: 애호하다, 좋아하다.
- 근近: 가깝다.
- 지知: 지식.
- 역행力行: 힘써 노력하다.
- 사斯: 이것.
- 소이所以: ~을 하는 바.

13세 소년, 높은 자리에 오르다

한나라 무제 유철은 뛰어난 재능과 원대한 계획을 가진 황제로서 유가의 학설을 우러러 존경하고 발양했을 뿐만 아니라 흉노도 평정하였다.

무제는 즉위하는 즉시 특별한 명을 내려 현명한 인재를 초빙하였다. 그는 지방관원의 추천을 받아 재덕을 겸비한 인재를 불러들였을 뿐만 아니라, 치국에 특별한 견해가 있는 상홍양과 같은 인물을 발탁했다. 무제는 특히 탁월한 인재라는 말을 듣고 그를 직접 만나 보았다. 그런데 뜻밖에도 상홍양은 13세의 어린 나이였다. 그리하여 무제는 그를 시험해 보았다. 그런데 상홍양은 잠깐 생각하고 나서 바로 정확한 답안을 말했다.

무제는 몹시 기뻐하면서 그를 시중侍中으로 임명하였다. 그 후 상홍양은 무제의 유력한 조력자가 되어 국가를 이끌어 갔다.

나라를 다스리는 아홉 가지 준칙

凡爲天下國家有九經, 曰, 修身也,
범위천하국가유구경 왈   수신야
尊賢也, 親親也, 敬大臣也,
존현야   친친야   경대신야

體群臣也, 子庶民也, 來百工也,
체 군 신 야   자 서 민 야   래 백 공 야
柔遠人也, 懷諸候也.
유 원 인 야   회 제 후 야

무릇 천하와 국가를 다스리는 데는 아홉 가지 준칙이 있으니, 즉 몸을 수양
하는 것, 현인을 존경하는 것, 친족을 친애하는 것, 대신을 공경하는 것, 여러
신하를 보살피는 것, 백성을 자식처럼 사랑하는 것, 백공을 모이게 하는 것,
객지 사람을 대접하는 것, 제후들을 위로하는 것이다.

≫ 천자나 제후가 나라를 다스림에 있어 명심해야 할 아홉 가지 준칙을 설명
했다.

• 위爲: 다스리다.
• 구경九經: 아홉 가지 준칙.
• 체體: 체험과 관찰. 그 처지가 되어 생각해 주다.
• 자서민子庶民: 서민을 자식처럼 여기다(사랑하다).
• 백공百工: 각종 장인들.
• 유원인柔遠人: 먼데서 온 사람들을 우대해 주다.
• 회懷: 위로하다.

이기기 전에 이긴 전투

진나라 말년에 초나라와 한나라가 서로 싸웠다. 어느 날, 한신이 장병 1500명을 이끌고 초나라와 교전을 한 끝에 병마를 정돈하여 진영으로 돌아왔다.

한 산비탈에 이르렀을 때, 초나라 기병부대가 추격해 온다는 보고가 날아왔다. 지칠 대로 지쳐 있던 한나라 병사들은 초나라 군대의 추격 소식에 갑자기 혼비백산하여 우왕좌왕하였다. 한신이 높은 능선에 올라 바라보니, 초나라 기병은 불과 500여 명에 불과했다.

한신은 즉시 군사를 모아 맞서 싸우기로 했다. 그는 명령을 내려 병사를 세 사람씩 한 줄로 세우게 했다. 그러다 보니 두 사람이 남았다.

그래서 다시 다섯 사람씩 한 줄로 세우니 세 사람이 남았다. 마지막으로 일곱 사람을 한 줄로 세우니 두 사람이 남았다. 계산한 후, 한신은 병사들에게 선포했다.

"우리 군은 1073명의 용사가 있고, 또한 높은 곳을 차지하고 있으니 반드시 적군을 소멸할 수 있다!"

한나라 군대는 사기가 크게 올라 끝내 초나라 군대를 대패시키고 말았다.

준비한 일이라야 이루어진다

凡事豫則立, 不豫則廢. 言前定則不跲,
범 사 예 즉 립　불 예 즉 폐　언 전 정 즉 불 겁

事前定則不困, 行前定則不疚,
사 전 정 즉 불 곤　행 전 정 즉 불 구

道前定則不窮.
도 전 정 즉 불 궁

무릇 일은 준비되어 있으면 이루어지고, 준비되어 있지 않으면 곧 폐한다.
말이 먼저 정해져 있으면 넘어지지 않고, 일이 미리 정해져 있으면 곤란하지
않게 되고, 행동이 미리 정해져 있으면 탈이 없게 되며, 도가 미리 정해져 있으
면 궁하지 않게 된다.

≫ 무릇 모든 일이나, 말이나, 행동을 막론하고 미리 준비가 되어 있으면 모두
다 탈 없이 일어설 수 있고 성공할 수 있다.

- 예豫: 미리 준비하다.
- 입立: 이루어지다, 성공하다.
- 폐廢: 실패하다.
- 겁跲: 넘어지다, 엎어지다(여기서는 말이 소통하지 않다).
- 곤困: 좌절당하다, 어렵게 되다.
- 구疚: 후회하다, 탈이 나다, 병이 나다.
- 궁窮: 궁지에 빠지다, 갈 길이 막히다.

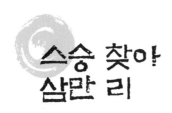

스승 찾아 삼만 리

병원邴原은 동한시대 말년의 저명한 학자이자 교육가였다. 그는 어렸을 때 가정형편이 어려워서 학교에 갈 수가 없었기 때문에 학교에 다니며 공부하는 사람들을 무척 부러워했다. 그때 한 선생님이 공부하고 싶어 하는 그의 열정에 감동하여 학비를 면제해 주면서 학교에 와서 배우게 했다.

그 후, 성인이 된 병원은 커다란 책 상자를 메고 스승을 찾아 전국을 돌아다녔다. 원래 병원은 술을 몹시 좋아했는데, 술 때문에 학업을 등한시할 것 같아 의연히 결단을 내리고 술을 끊었다. 8, 9년 동안 외지에서 공부하는 동안, 연회에 참석할 때마다 친구들이 술을 권했으나, 그때마다 그는 술을 마실 줄 모른다면서 아예 사절하였다.

학업을 마치고 고향에 돌아온 후에도 그는 술을 한 방울도 입에 대지 않고 학문에만 전념하였다. 그리하여 그는 마침내 동한시대의 유명한 학자가 될 수 있었다.

배움만큼 중요한 것은 실행이다

博學之, 審問之, 愼思之,
박 학 지   심 문 지   신 사 지

明辯之, 篤行之.
명 변 지   독 행 지

널리 배우고 자세히 묻고 신중하게 생각하며, 명확하게 판단하고 독실하게
실행해야 한다.

>> 스스로 착실하게 실행하려면 박학, 심문, 신사, 명변, 독행 이 다섯 가지를
지켜야 한다.

• 심審: 상세히, 자세히.
• 신사愼思: 신중하게 생각하다.
• 명변明辯: 명확하게 판단하다.
• 독행篤行: 착실히 실행하다.

황제의 상금을 차지한 심부름꾼

명나라 때, 산해관에 걸린 '천하제일관天下第一關'이란 편액이 오랫동안 관리를 하지 않아 '일'자가 떨어져 나가 없어진 채로 방치되어 있었다.

조정에서는 그것을 복원하려 했지만, 원래의 우아한 맛을 그대로 되살려서 글자를 쓸 사람이 없었다. 그리하여 황제는 상금을 걸고 그 글자를 쓸 수 있는 사람을 물색했다.

마침내 원래의 '일'자와 진짜처럼 똑같이 모사하는 사람을 찾게 되었는데, 그 사람은 바로 산해관 근처의 한 가게에서 일하는 심부름꾼이었다.

황제가 그를 불러서 물었다.

"어떻게 너는 '일'자를 그토록 진짜와 똑같이 쓸 수 있느냐?"

심부름꾼이 대답했다.

"저는 매일 상을 닦을 때마다 그 '일'자를 마주보고 행주를 붓삼아 쓰면서 닦습니다. 매일매일 그렇게 '일'자를 연습하다 보니 그 글자와 똑같게 쓸 수가 있었습니다."

황제는 심부름꾼의 말을 듣고 웃으면서 말했다.

"너의 비결인즉, 익숙해지면 그처럼 남다른 기능이 생긴다는 것이로구나!"

백 번이라도, 천 번이라도

人一能之, 己百之, 人十能之, 己千之.
인 일 능 지   기 백 지   인 십 능 지   기 천 지
果能此道矣, 雖愚必明, 雖柔必强.
과 능 차 도 의   수 우 필 명   수 유 필 강

남이 한 번 해서 능히 하거든 나는 백 번을 해보고, 남이 열 번 해서 능해지거든 나는 천 번을 해본다. 과감하게 이 도를 능히 해낸다면, 어리석은 자라도 반드시 명철해지고, 유약한 자라도 반드시 강해진다.

>> 아무리 어리석은 사람이라도 어떤 일을 열 번이고 백 번이고 거듭하게 되면 현명해지고 강해지게 된다.

• 능能: 할 수 있다, 능히 해내다.
• 명明: 총명하다, 명철하다.
• 유柔: 유약하다.

그 이유를
너희는 모르지?

북송 사람인 안수는 어렸을 때부터 총명하고 배우기를 즐겨 하더니, 훗날 진사로 합격하여 관리가 되었다.

당시 천하가 태평하여 경성의 관리들은 늘 먹고 마시고 돌아다니면서 놀기를 좋아하였다. 그러나 안수는 매일 공무를 마치면 집에 돌아와서 책을 읽었다.

어느 날, 황제가 안수에게 태자들의 글공부를 가르치게 했다. 대신들은 황제가 무엇 때문에 안수를 그 자리에 임명했는지 이유를 몰랐다. 그러자 황제가 말했다.

"남들은 늘 연회나 차리고 놀기만 하지만, 안수는 문을 닫고 앉아 독서하고 조심하여 자중하니, 그야말로 동궁의 시독(侍讀: 천자 또는 황태자의 학문을 지도하던 관직)으로서 적임자이니라."

안수는 황제의 뜻에 감사를 드리며 말했다.

"사실 소신도 연회를 열고 놀기를 좋아합니다. 다만 집안이 가난하여 손님을 접대할 돈이 없어서 못했을 뿐이지, 돈이 있었다면 저도 그리 했을 것입니다."

황제는 안수의 말을 듣고, 그러한 겸손함 때문에 그를 더욱 신임하게 되었다.

성실하면 명철해진다

自誠明, 謂之性, 自明誠, 謂之敎.
자 성 명　　위 지 성　　자 명 성　　위 지 교
誠則明矣, 明則誠矣.
성 즉 명 의　　명 즉 성 의

성실함으로부터 밝아지는 것을 천성이라 하고, 밝음으로부터 성실해지는 것을 가르침이라고 한다. 성실하면 밝아지고 밝으면 곧 성실해질 것이다.

>> 성실하면 사리에 밝게 되고, 사리에 밝으면 성실하게 할 수 있다.

- 자自: ~로부터, ~으로 인하여.
- 명明: 밝다, 명백하다.
- 교敎: 교육, 교화하다.
- 즉則: 즉, 곧바로.

연못물이 검게 되었네

왕희지는 진나라의 명필가로서 그의 서예 작품들은 예술적인 가치가 매우 높아서 사람들은 그를 '서성書聖'이라고 불렀다.

왕희지는 어린 시절부터 배우기를 즐겨 하여 일곱 살 때부터 붓글씨 쓰는 것을 연습하였다. 그는 자라서 아버지가 소장해 둔 서법 책들을 몇 번이고 반복해서 정독한 후, 책에 있는 붓글씨를 그대로 따라 쓰는 연습을 하였다.

왕희지는 매일 연못가에 앉아 붓글씨 연습을 하였는데, 그가 쓰고 버린 몽당붓이 부지기수였다. 그리고 연습이 끝나면 쓰고 난 붓을 연못의 물에 씻었기 때문에, 오랜 시간이 흐르자 연못의 물이 검은색으로 변했다 한다.

이렇게 집중하여 열심히 붓글씨 연습에 정진하였기에, 그는 끝내 위대한 서법가가 될 수 있었다.

정성만이 감화시킬 수 있다

其次致曲, 曲能有誠, 誠則形,
기 차 치 곡   곡 능 유 성   성 즉 형

形則著, 著則明,
형 즉 저   저 즉 명

明則動, 動則變, 變則化,
명 즉 동　동 즉 변　변 즉 화

唯天下至誠爲能化.
유 천 하 지 성 위 능 화

그 다음은 한 부분만이라도 지극히 하는 것이다. 작은 부분에도 성실함이 있으니, 성실하면 나타나게 되고, 나타나면 드러나게 되고, 드러나면 밝아지게 되고, 밝아지면 움직이게 되고, 움직이면 변화하게 되며, 변화하면 저절로 그러하게 된다. 오직 세상에서 가장 지극한 정성만이 능히 저절로 그렇게 하도록 만들 수 있다.

》》 성인이 아닌 그 아랫사람, 즉 현인이 지성에 이르는 도에 대해 설명했다.

- 기차其次: 차등급. 성인 아래에 있는 현인을 말함.
- 치곡致曲: 국부적인 것. 어느 한 방면을 극진히 하다.
- 형形: 나타나다, 표현되다.
- 저著: 현저하다.
- 명明: 광명.
- 화化: 교육, 감화시키다.

어떤 장애물도
나를 막지 못해

당나라의 고승 감진은 심혈을 기울여 불경을 연구하였기에 불학에 대한 조예가 상당히 깊었다.

그의 나이 55세 되던 해에 일본 승려 두 사람이 찾아와 그에게 일본으로 가서 불법을 전수해 줄 것을 간청하였다. 먼 길을 떠나기에 적지 않은 나이였지만, 감진은 그들의 청을 받아들였다.

하지만 그 결심을 실행에 옮기기까지는 오랜 시간이 걸렸다. 처음에는 승려들의 의견이 일치하지 않아서, 그 다음에는 이러저러한 사정으로 갈 수가 없었다. 그러나 그런 장애물들이 그의 결심을 꺾지는 못했다. 오히려 바다를 건너 일본으로 가야겠다는 그의 결심을 더욱 굳히게 하는 계기가 되었다.

십여 년 후, 감진은 배를 타고 한 달 남짓 항해한 끝에 마침내 일본에 도착하였다. 그곳에서 그는 일본 사람들로부터 열렬한 환대를 받았다.

군자는 정성을 귀히 한다

誠者自成也, 而道自道也. 誠者物之終始,
성 자 자 성 야   이 도 자 도 야   성 자 물 지 종 시
不誠無物. 是故君子誠之爲貴.
불 성 무 물   시 고 군 자 성 지 위 귀

성실함은 스스로 이루어지는 것이고, 도는 스스로 가는 길이다. 성실함은 사물의 처음과 끝이니, 성실함이 없으면 사물은 없다. 그러므로 군자는 성실을 귀히 여긴다.

≫ 오직 정성만이 모든 사람을 완벽하게 만들 수 있으므로, 군자는 정성을 중히 여긴다.

- 자성自成: 스스로 완벽하게 하다(나무랄 데 없이 하다).
- 자도自道: 자아 운행. 스스로 가게 되다.
- 종시終始: 종결과 시작.

댐 건설로 수해를 막다

이빙은 전국시대의 뛰어난 수리 전문가로서 도강 댐을 주관하여 수축하였다. 당시 진나라 왕은 이빙을 촉군(지금의 사천성 일대)에 파견하였는데, 그곳에는 수해가 크게 나서 백성들의 피해가 말할 수 없이 컸다. 이빙은 자신의 지식과 기술로 수해를 막아 백성들을 행복하게 해주겠다고 결심하였다.

이빙은 민강의 수세와 지형에 대해서 자세히 조사한 후, 상류의 급류를 완만하게 흐르게 하는 것이 수해를 막는 관건이라는 판단을 내렸다. 그리하여 그는 몇 번을 확인한 끝에 백성들과 함께 산을 뚫어 물길을 내고 도강에 댐을 쌓아서, 물살이 빠른 강의 물을 두 갈래로 나누어 흐르게 했다. 도강 댐 덕분에 민강에는 수해가 멈추었을 뿐 아니라, 댐의 물을 민강 하류의 넓은 땅에 공급함으로써 농사에 큰 도움을 줄 수 있게 되었다. 이 댐 공사는 세계에서 가장 오래된 수리 사업의 하나로 기록되었다.

전체를 하나로 아우르는 힘

誠者, 非自成己而已也, 所以成物也.
성자　비자성기이이야　소이성물야

成己, 仁也, 成物, 知也, 性之德也.
성기　인야　성물　지야　성지덕야

合內外之道也, 故時措之宜也.
합 내 외 지 도 야   고 시 조 지 의 야

성실은 스스로 자기를 이루게 할 뿐만 아니라 사물을 이루어준다. 자기를 이루는 것은 인仁이고, 사물을 이루는 것은 지知이니, 이것은 본성에서 나오는 덕德이요, 안과 밖을 합하는 도道이다. 그러므로 수시로 시행하여도 마땅한 것이다.

≫ 성실한 행동은 도에 맞아 조금도 어긋남이 없다.

• 성기成己: 스스로 이룩하다.
• 합合: 융합하다.
• 의宜: 적당하다, 알맞다.
• 이已: 완성하다.
• 조措: 시행하다.

바위를 뚫은 화살

춘추시대 초나라에 웅거자라 부르는 궁수가 있었다.

어느 날 밤, 웅거자가 산길을 가고 있었는데, 앞쪽에 커다란 호랑이 한 마리가 누워 있는 것이 어렴풋이 보였다. 그는 크게 놀랐으나 정신을 가다듬어 화살을 뽑아 호랑이를 겨누고 쏘았다. 그런데 분명 '씽' 하고 화살이 날아갔는데, 아무 반응이 없이 조용했다. 웅거자는 자기의 화살이 호랑이에게 명중했기 때문이라고 생각하고 앞으로 조심조심 걸어가 보았다.

아! 그런데 그것은 호랑이가 아니라 하나의 커다란 돌덩어리였다. 그 돌에 웅거자가 쏜 화살이 꽂혀 있었다. 이 일을 알게 된 한 노인이 말했다.

"이것은 웅거자가 힘이 셀 뿐만 아니라, 활 쏘는 솜씨가 훌륭하고 정신을 집중했기 때문이다."

이 일을 통해 웅거자는 '심혈을 기울여 활을 쏜다'는 말의 의미를 깨닫게 되었다.

천지의 도

天地之道, 可一言而盡也,
천 지 지 도 가 일 언 이 진 야

其爲物不貳, 則其生物不測.
기 위 물 불 이　즉 기 생 물 불 측
天地之道, 博也, 厚也, 高也, 明也,
천 지 지 도　박 야　후 야　고 야　명 야
悠也, 久也.
유 야　구 야

천지의 도는 한마디로 다 할 수 있으니, 그 물건 됨(본질)은 한 가지이므로 만물을 생성함은 이루 헤아릴 수 없다. 천지의 도는 넓고, 두텁고, 높고, 밝고, 오래 가고, 영원하다.

》》 천지 만물을 다스리는 방법은 오직 성실뿐이다.

- 일언一言: 일언, 즉 '성誠'자를 가리킨다.
- 불이不貳: 둘이 아니다.
- 생물生物: 생성되는 만물.
- 불측不測: 이루 헤아릴 수 없다.

버려진 시신도
불쌍히 여기는 마음

어느 날, 주나라 문왕이 성 밖에 나가 순시하다가, 들판에 버려진 시신을 발견하게 되었다. 그는 수행하는 신하에게 그 시체를 땅에 묻어 주라고 시켰다. 이에 그 신하가 물었다.

"폐하, 이 시신은 아무도 돌보지 않고 버려진 것인데, 어찌하여 폐하께서 불쌍히 여기시는 것입니까?"

이에 문왕이 대답했다.

"천하를 가진 자는 천하의 주인이고, 한 나라를 가진 자는 바로 한 나라의 주인이다. 나는 본래 이 죽은 자의 주인이거늘, 어찌하여 이 죽은 자에게는 주인도 없고 애도하는 사람도 없단 말이냐?"

수행하던 신하는 문왕의 말에 몹시 감동하여 그 시체를 땅에 정성껏 잘 묻어 주었다. 이 일을 알게 된 사람들은 모두 다 이렇게 말했다.

"문왕은 죽은 사람도 그렇게 불쌍히 여기시니, 살아있는 사람이 한 번 만나고자 하면 더욱 반겨주실 것이다."

순수하며 그침이 없어라

詩云, 維天之命, 於穆不已!
시 운   유 천 지 명   오 목 불 이

蓋曰天之所以爲天也.
개 왈 천 지 소 이 위 천 야

於乎不顯 文王之德之純!
오 호 불 현 문 왕 지 덕 지 순

蓋曰文王之所以爲文也, 純亦不已.
개 왈 문 왕 지 소 이 위 문 야　　순 역 불 이

《시경》에 이르기를 '하늘의 명은 심원하며 그침이 없도다!'라고 한 것은, 하늘이 하늘 된 까닭을 말한 것이다. '아, 빛나지 않으신가! 문왕의 덕의 순결함이여!'라고 한 것은, 문왕이 문이 된 까닭을 말한 것이니, 순수하고 그침이 없으셨기 때문이다.

≫ 문왕의 덕이 성실하기 때문에 하늘의 도처럼 그치지 않고 오래일 수 있다는 것이다.

• 유維, 오於: 어조사.
• 목穆: 엄숙하고 경건하다.
• 이已: 정지되다.
• 불현不顯: 매우 광명하다.
• 순純: 순수하고 올바르다.

명장 이광

　서한에 이광이라는 장군이 있었다. 그는 전공이 탁월할 뿐 아니
라, 장병과 백성들로부터 존경과 사랑을 한몸에 받았다. 그는 국가
의 일등공신이었으나, 자기의 공로를 내세워 자만하는 일이 전혀
없었다. 그는 사람들에게 친절하고 병사들과 동고동락하였으며,
조정에서 상을 내리면 그것을 모두 장병들에게 골고루 나누어 주
었다. 그리고 전장에 나가면 항상 선두에 나서서 용감하게 싸웠다.
그가 세상을 떠났을 때에 전군의 병사들 중 눈물을 흘리지 않은
사람이 없었고, 일반 백성들까지도 애도를 표했다.

　사마천은 그를 칭찬하여 '복숭아나무와 자두나무는 말을 하지
않아도, 그 아래에 저절로 길이 난다'라고 하였다. 그는 마치 열매
를 따 먹기 위해 복숭아나무나 자두나무를 사람들이 찾아 그 밑
에 저절로 길이 나듯이 숭고한 품성으로 수많은 사람들의 존경과
애도를 받았다.

위대한 성인의 도여!

大哉，聖人之道! 洋洋乎!
대 재　성 인 지 도　양 양 호
發育萬物，峻極于天. 優優大哉!
발 육 만 물　준 극 우 천　우 우 대 재

禮儀三百, 威儀三千,
예 의 삼 백　　위 의 삼 천
待其人而後行.
대 기 인 이 후 행
故曰苟不至德, 至道不凝焉.
고 왈 구 부 지 덕　　지 도 불 응 언

위대하다, 성인의 도여! 일렁일렁 만물을 길러, 높고 큼이 하늘에 닿았도다.
한량없이 위대하도다! 예의가 삼백이요, 위의는 삼천이로다. 그 사람을 기다린
다음에야 시행할 수 있으니, 그러므로 성실로 지극한 덕이 아니면 지극한 도
는 이루어지지 않을 것이다.

>> 성인의 도는 지극히 커서 천지의 도와 같다.

- 대大: 위대하다.
- 양양洋洋: 물 위에 둥둥 떠 있거나 출렁이는 상태.
- 준극峻極: 높은 정점.
- 예의禮儀: 고대 예절의 주요한 준칙. 또는 경례經禮라고도 한다.
- 위의威儀: 고대 전례의 동작 규범. 예물을 받는 예절.
- 구苟: 만약.
- 응凝: 응집하다, 뭉치다, 형성하다.

때늦은 후회

옛날에 궐숙이라는 사람이 있었는데, 그는 고집이 세서 언제나 자기만 옳다고 여기며 살았다.

그는 귀산 북쪽에서 농사를 지었는데, 높고 평탄한 땅에는 벼를 심고, 낮은 습지에는 수수를 심었다.

어느 날, 친구 하나가 그를 찾아가 말했다.

"수수는 좀 메마른 땅이 적합하고 벼는 물기가 있는 땅이 적합한데, 자네처럼 하면 벼와 수수의 생장 습성에 위배되어 좋은 수확을 걸을 수 없네."

그러나 궐숙은 친구의 권고를 듣지 않고 십여 년간 자기 생각대로 농사를 지었다. 당연히 한 번도 수확을 제대로 하지 못했다.

혹시나 하여 친구의 밭에 가보니, 과연 그의 밭에 있는 농작물들은 자신의 농작물들과 천양지차였다. 그때 비로소 궐숙은 친구의 말을 듣지 않은 것을 후회하였다.

어리석으면 꼬만하기를 좋아한다

子曰, 愚而好自用, 賤而好自專,
자왈 우이호자용 천이호자전
生乎今之世, 反古之道.
생호금지세 반고지도

如此者, 災及其身者也.
여 차 자 재 급 기 신 자 야

공자가 말씀하셨다.

"어리석으면 교만하기를 좋아하고 천하면 제멋대로 행동하기를 좋아하며, 지금의 세상에 나서 옛날의 도道로 돌아가려 한다. 이러한 자는 재앙이 그 몸에 미치게 된다."

≫ 자기의 처지와 능력도 모르고 제멋대로 행동하면 재앙을 입게 된다.

- 자용自用: 권고를 듣지 않고 제멋대로 주장하다.
- 천賤: 천박하다.
- 호乎: 어조사.
- 자전自專: 제멋대로 행동하다.
- 반反: 되돌아가다.
- 급及: 이르다, 미치게 되다.

문자를 통일한 진시황

춘추전국시대에 중국은 여러 개의 작은 나라들로 분열되어 있어서 각 나라에서 사용하는 화폐, 문자, 도량형이 모두 제각각이었다. 진시황은 중국을 통일한 후, 이러한 폐단을 시정하고자 개혁을 단행하였다. 그리하여 경제와 문화 교류를 방해하는 제도들을 없애고, 법령을 효과적으로 전달할 수 있도록 대신들에게 각국의 문자를 연구하여 전국적으로 통용할 수 있는 문자를 제정할 것을 명령하였다.

이때부터는 각 지방 정부에서 문서를 발표할 때 반드시 제정된 통일 문자인 '소전小篆'을 사용하도록 하였다. 이렇게 하여 각 지방의 문자는 점차적으로 하나로 통일되어 나갔다.

천자가 아니면 예를 논하지 못한다

非天子, 不議禮, 不制度, 不考文.
비 천 자　불 의 례　부 제 도　불 고 문

今天下車同櫃, 書同文, 行同倫.
금 천 하 거 동 궤　서 동 문　행 동 륜

雖有其位, 苟無其德, 不敢作禮樂焉,
수 유 기 위　구 무 기 덕　불 감 작 례 악 언

雖有其德, 苟無其爲, 亦不敢作禮樂焉.
수 유 기 덕　구 무 기 위　역 불 감 작 례 악 언

천자가 아니면 예를 논하지 못하고 법도를 제정하지 못하며 문자를 헤아리지 못한다. 지금 온 세상이 수레 궤가 같고 글의 문자가 같고 행위의 윤리가 같다. 비록 그러한 지위에 있더라도 성실한 덕이 없으면 감히 예악을 만들지 못하고, 비록 그만한 덕이 있더라도 그러한 지위에 있지 않다면 또한 감히 예악을 제정하지 못한다.

≫ 만약 천자라도 덕이 뛰어난 성인이 아니면, 예, 도, 문을 마음대로 고치거나 제정하지 못한다.

- 의례議禮: 예의를 논하여 정하다.
- 제도制度: 법도를 제정하다.
- 고문考文: 글과 문자를 정하다.
- 륜倫: 윤리, 도덕.
- 예악禮樂: 국가를 다스리는 예악제도.

야식을
먹지 않은 황제

송나라 인종은 어진 임금으로서 그가 왕위에 있는 동안에는 천하가 태평하고 경제는 번영하였다.

어느 날, 그는 밤이 깊도록 공무를 처리하느라 힘도 들고 배도 몹시 고팠다. 마침 뜨끈뜨끈한 양고기 국이 생각났지만, 그는 배고픔을 꾹 참고 말하지 않았다. 이 일을 황후가 알고는 그에게 권고했다.

"폐하, 밤낮으로 열심히 일하시는데 몸조심하셔야 합니다. 어젯밤 양고기 국이 드시고 싶으셨으면, 수라간에 시키시지 왜 그러지 않으셨습니까?"

인종은 고개를 저으며 말했다.

"만약 내가 어젯밤 양고기 국을 먹었다면, 앞으로 수라간에서 매일 밤 양을 잡을 것 아니겠소. 그렇게 되면 나 때문에 죽은 양의 수가 한 해에만 수백 마리가 될 터인데 어찌 그런단 말이오. 짐이 배고픔을 좀 참으면 되지 않겠소."

저기 있어도, 여기 있어도

詩曰, 在彼無惡 在此無射.
시 왈　재 피 무 오　재 차 무 역

庶幾夙夜 以永終譽.
서 기 숙 야 이 영 종 예

君子未有不如此, 而蚤有譽於天下者也.
군 자 미 유 불 여 차　　이 조 유 예 우 천 하 자 야

《시경》에 이르기를 "저기 있어도 밉지 않고, 여기 있어도 싫지 않구나. 이른 아침부터 밤중까지 힘쓰니 끝내 명예가 영원하리라"고 했다. 군자가 이와 같이 하지 않고 일찍이 천하에 명예를 가진 자가 없다.

≫ 성인의 덕을 갖춘 군자가 행하는 도는 곧 천하의 도가 된다.

• 피彼: 저기, 저쪽.
• 오惡: 미워하다, 증오하다.
• 역射: 싫어하다.
• 서기庶幾: 거의.
• 숙야夙夜: 이른 아침부터 늦은 밤까지.
• 조蚤: 아침. '새벽 조旦'와 뜻이 통함.

지혜로운
거절

명나라 때의 인물인 정요는 문관을 심사하고 선발하는 책임을 졌다. 그는 청렴하고 공정하였으므로 많은 사람들로부터 신망을 얻었다.

하루는 어떤 사람이 나쁜 꾀를 부려 정요의 명예를 훼손시키려고 차를 담은 상자 하나를 들고 정요를 방문하였다. 그는 정요에게 관직을 구하러 온 것이 아니라 존경의 뜻을 표하고자 왔노라며 공손하게 말했다.

정요는 찾아 온 손님의 태도가 너무도 공손하고 친절하여 그 예물을 받았다. 그런데 그의 부인이 예물을 자세히 검사해 보니 찻잎 속에 금팔찌가 묻혀 있었다. 그의 부인이 정요에게 이 사실을 알렸다. 정요는 두말없이 그 예물을 들고 급히 방문자를 찾았다.

"방금 저희 아내에게 들었는데, 우리 집에는 찻잎이 많다고 합니다. 그러므로 당신의 호의를 사양할 수밖에 없습니다."

말을 마치고 그는 차 상자를 방문자에게 돌려주었다.

만물은 함께 길러도 서로 방해하지 않는다

萬物竝育而不相害, 道竝行而不相悖.
만 물 병 육 이 불 상 해　　도 병 행 이 불 상 패

小德川流，大德敦化，
소 덕 천 류　대 덕 돈 화

此天地之所以爲大也.
차 천 지 지 소 이 위 대 야

만물은 함께 길러도 서로 방해하지 않고, 도는 함께 운행하여도 서로 어긋나지 않는다. 작은 덕은 냇물처럼 흐르고, 큰 덕은 만물의 교화를 돈독히 하니, 이것이 천지의 위대함이다.

》》 성인의 위대한 덕은 천하를 돈후하게 교화시킨다.

• 병立: 함께.
• 육育: 번식하고 생장하다.
• 해害: 방해하다.
• 패悖: 거스르다, 어그러지다.

벼 도둑의 뉘우침

중국 삼국시대 때 종리목이라고 부르는 사람이 있었다. 그는 젊었을 때 20여 무의 논밭을 경작하였는데, 가을에 벼가 여물자, 난데없이 한 사람이 나타나 그 벼가 자기의 것이라면서 모조리 가져갔다. 그러나 종리목은 그와 다투지 않았다.

한 관리가 이 사실을 알고 벼를 베어 가져간 사람을 붙잡아다 죄로 다스렸다. 그러나 종리목은 그 사람을 변호하고 용서를 빌어 무죄로 석방되게 하였다. 그 사람은 집으로 돌아간 후 몹시 부끄러워서, 처와 함께 그 벼를 모두 찧어서 종리목의 집으로 가져왔다. 그러나 종리목은 문을 닫아걸고 열어주지 않았다.

그 사람은 쌀을 모두 종리목의 집 대문 앞에 놓아두고 돌아갔다. 그런데 그 쌀을 가져가는 사람이 아무도 없었다. 사람들이 종리목의 덕행에 감화되었기 때문이었다.

그 어짊을 누가 알리요?

肫肫其仁! 淵淵其淵! 浩浩其天!
준 준 기 인   연 연 기 연   호 호 기 천
苟不固聰明聖知達天德者, 其孰能知之?
구 불 고 총 명 성 지 달 천 덕 자   기 숙 능 지 지

정성스럽고 지극한 그 어짊이여! 깊고 깊은 그 심연이여! 넓고 높은 그 하늘이여! 만약 참으로 총명하고 지혜로워 하늘의 덕에 도달한 자가 아니라면, 그 누가 알 수 있으리오?

>> 성인의 지극한 성실만이 천하를 바르게 다스릴 수 있다.

- 준준肫肫: 정성스럽다.
- 연연淵淵: 깊고 깊은 상태(모양).
- 호호浩浩: 광대한 모양.
- 고固: 실재.
- 성지聖知: 예지, 지혜.
- 달達: 통달하다.

시종의 잘못을
눈감아 준 왕

신종은 북송의 황제로서 나라를 다스리는 데 있어서 뿐만 아니라, 사소한 일에서도 늘 신하들과 백성들을 생각하는 어진 임금이었다.

어느 해 동짓날, 신종은 대신들과 함께 천담에 가서 제사를 지내게 되었다. 길을 떠나기 전, 대신들은 가마 앞에 빼곡히 모여 서서 황제가 오기만을 기다렸다. 이때 시종이 가마 문발을 젖혀 보고 가마 안에 방석이 없음을 발견하였다. 그가 급히 방석을 가지러 들어간 사이 신종이 가마에 도착하였다. 그는 가마 안의 보좌에 방석이 없다는 사실을 알게 되었지만, 아무 말도 하지 않았다. 다만 화제를 돌려 대신들과 다른 일들을 이야기했다. 잠시 후 시종이 방석을 가져온 후에야 그는 가마에 올라탔다.

훗날에도 신종은 이날 일에 대해서 한마디도 하지 않았다. 이처럼 신종은 다른 사람의 과실에 대해 너그럽게 용서하고 나쁜 내색을 조금도 보이지 않았다.

군자는 덕을 안으로 쌓는다

詩曰, 衣錦尙絅. 惡其文之著也.
시 왈 의 금 상 경 오 기 문 지 저 야

故君子之道, 闇然而日章,
고 군 자 지 도　　암 연 이 일 장

小人之道, 的然而日亡.
소 인 지 도　　적 연 이 일 망

《시경》에 이르기를 '비단옷을 입고 그 위에 홑옷을 걸쳤도다'라고 했으니, 그 무늬가 드러남을 싫어한 것이다. 그러므로 군자의 도는 어두운 듯하나 날로 빛나고, 소인의 도는 분명한 듯하나 날로 사그라지는 것이다.

>> 군자는 안으로 덕을 쌓기에 날로 충실해지고, 소인은 밖으로 쌓기에 날로 사라진다.

• 의衣: 옷을 입다.
• 금錦: 비단옷.
• 상尙: 겹쳐 치다.
• 경絅: 홑옷.
• 문文: 꽃무늬.
• 저著: 선명하다, 눈에 띄다.
• 암연闇然: 숨겨져 있어 보이지 않다.
• 일장日章: 날로 빛나다.
• 적연的然: 선명한 모양. 분명한 모양.

전쟁을 잠재운 문왕의 덕

　우나라와 예나라의 두 왕이 국경선을 두고 서로 분쟁을 벌이던 끝에, 덕망이 높은 주나라 문왕을 찾아가 현명한 판정을 받기로 했다.

　우, 예 두 나라 군주가 주나라에 가 보니, 길로 왕래하는 사람들은 서로 길을 양보하였다. 조정에서도 문무백관들은 모두 다 예절이 밝고 점잖았으며, 일을 하면 전부 조리가 있고 정연하여 전국의 상하 모두 다 군자다운 기풍이 있었다. 이것을 보고 두 나라 왕은 마음속으로부터 부끄럽게 여기며 서로 감동하여 말했다.

　"우리가 무슨 면목으로 문왕을 만나서 이런 일을 판정해 달라고 요청하겠는가?"

　두 왕은 문왕을 만나보기도 전에 지금까지 다투어 왔던 국경선을 서로 양보하였다. 인근의 제후국들이 이 사실을 알고 모두 주나라 문왕을 본보기로 삼아 속속 주나라로 투항하였다.

공손함이 돈독하면 천하가 화평해진다

詩曰, 不顯維德, 百辟其刑之.
시왈 부현유덕 백벽기형지
是故君子篤恭而天下平.
시고 군자 독공 이 천하 평

《시경》에 이르기를 '드러나지 않는 덕을 많은 제후들이 그대로 본받는다'고 하였다. 그러므로 군자가 공손함을 돈독하게 하면 천하가 화평해진다.

》》 임금이 덕을 베풀고 공경하면 천하는 평화로워진다.

- 부현不顯: 드러나지 않다.
- 백벽百辟: 제후들을 말함.
- 형刑: ~을 모범으로 하다. '형刑'은 '형型'과 통한다. ~을 보이다.